花溪里的气象

校园气象站

王建忠 王 慧 毛洋洋 主编

气象出版社
China Meteorological Press

图书在版编目（CIP）数据

花溪里的气象 / 王建忠，王慧，毛洋洋主编. -- 北京：气象出版社，2023.8
ISBN 978-7-5029-7997-3

Ⅰ. ①花… Ⅱ. ①王… ②王… ③毛… Ⅲ. ①气象学－小学－教材 Ⅳ. ①G624.61

中国国家版本馆CIP数据核字(2023)第120407号

花溪里的气象
HUAXI LI DE QIXIANG

王建忠　王　慧　毛洋洋　主编

出版发行：气象出版社	
地　　址：北京市海淀区中关村南大街46号	邮政编码：100081
电　　话：010-68407112（总编室）　010-68408042（发行部）	
网　　址：http://www.qxcbs.com	E-mail：qxcbs@cma.gov.cn
责任编辑：殷　淼　邵　华	终　　审：张　斌
责任校对：张硕杰	责任技编：赵相宁
封面设计：阳光图文工作室	
印　　刷：三河市君旺印务有限公司	
开　　本：787 mm×1092 mm　1/16	印　　张：9
字　　数：130千字	
版　　次：2023年8月第1版	印　　次：2023年8月第1次印刷
定　　价：60.00元（全二册）	

本书如存在文字不清、漏印以及缺页、倒页、脱页等，请与本社发行部联系调换。

编委会

主　编：王建忠　王　慧　毛洋洋
副主编：杨志红　乔　培　刘　琳
编　委：阴明丽　杨　蕊　宋美伦　张　萌
　　　　卫权岗　宋晓倩　李浩宁　薛昌颖
　　　　王　琼　张保中

前言

　　郑州市管城回族区创新街花溪小学（以下简称"花溪小学"，原名管城回族区站马屯小学），是一所有近百年悠久历史的学校。学校围绕"给儿童一段温暖的旅程"办学理念，不断深耕"五育"（德育、智育、体育、美育、劳育）教育，尤其在学生的科学创新发展方面取得了出色的成绩。

　　《花溪里的气象》（全二册）是以花溪小学校园气象站和气象种植园为依托，以学校多年来开展校园气象科技教育的实践为基础编写而成的校园气象科普教材，用以指导小学生进行气象要素观测、常见农作物的种植与观测，学习气象知识、气象灾害及防御措施等。

　　本套图书分为上下两册。上册分四章，介绍二十四节气、天气预报、校园气象站观测方法、常见气象灾害等基本气象知识。下册也分四章，介绍气象与农业的关系、影响农业生产的主要气象要素、基本农业气象观测、常见农业气象灾害及预防方法等农业气象常识。

　　图书内容由浅入深，循序渐进，兼顾科学性与实践性；语言通俗易懂，并配以大量图示、图片帮助学生正确理解有关知识。它不仅能指导孩子们在校园气象站里进行气象观测，在种植园种植、管理、观测常见农作物和蔬菜，还能帮助他们掌握基本的气象知识和必要的防灾减灾技能，更能激发孩子们学习气象科学的兴趣和热情。

　　相信本书的出版，将为花溪小学的学生，以及更多的孩子打开探索气象奥秘的大门，领略气象科学之美。

目 录

前言

第一章　二十四节气
二十四节气的由来…………　2
二十四节气的歌诀…………　3
二十四节气的含义…………　4

第二章　天气预报
天气预报的发展……………　13
天气预报的制作……………　16
如何看懂天气预报…………　17

第三章　校园气象站观测方法
校园气象站的由来…………　20
气象要素的观测……………　21
气象观测数据的分析………　32

第四章　常见气象灾害
暴雨…………………………　34
暴雪…………………………　37
道路结冰……………………　39
寒潮…………………………　41
大风…………………………　44
高温…………………………　47
冰雹…………………………　49
大雾…………………………　50
霾……………………………　52

第一章
二十四节气

二十四节气的由来

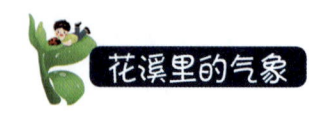

同学们，你们知道二十四节气的由来吗？

二十四节气起源于黄河流域，是古代中国劳动人民长期经验的积累和智慧的结晶，指导着农事活动，与人们的衣食住行息息相关。

早在春秋时期，中国劳动人民就有了日南至、日北至的概念。随后人们根据月初、月中的日月运行位置和天气、动植物生长等自然现象，利用它们之间的关系，把一年等分为二十四等份，并且给每等份取了个专有名称，这就是二十四节气。

在战国后期成书的《吕氏春秋·十二月纪》中，就有了立春、春分、立夏、夏至、立秋、秋分、立冬、冬至八个节气名称，这八个节气是二十四个节气中最重要的节气，标示出季节的转换，清楚地划分出一年的四季。到汉代，二十四节气完全确立。

二十四节气的歌诀

同学们,我们先来一起学一学二十四节气的歌诀吧。

春雨惊春清谷天,夏满芒夏暑相连。
秋处露秋寒霜降,冬雪雪冬小大寒。
每月两节不变更,最多相差一两天。
上半年来六廿一,下半年是八廿三。

释义

春【立春】	雨【雨水】	惊【惊蛰】	春【春分】	清【清明】	谷【谷雨】
夏【立夏】	满【小满】	芒【芒种】	夏【夏至】	暑相连【小暑和大暑】	
秋【立秋】	处【处暑】	露【白露】	秋【秋分】	寒【寒露】	霜降【霜降】
冬【立冬】	雪【小雪】	雪【大雪】	冬【冬至】	小大寒【小寒和大寒】	

每个月有两个节气,不同年份节气日的时间最多相差一两天。

花溪里的气象

二十四节气的含义

二十四节气都有哪些含义呢？一起来看一看吧！

立春："立"是开始的意思。立春是二十四个节气的头一个节气，其含义是"开始进入春天"。"阳和起蛰，品物皆春"，过了立春，草木萌动万物复苏，新一年的四季从此开始了。

立春后，可以在春暖花开的日子里外出游春，俗称探春、踏春。快约上好朋友，一起春游吧！

雨水：二十四个节气的第二个节气，这时春风遍吹，冰雪融化，天气潮湿，雨水增多。人们常说："立春天渐暖，雨水送肥忙。"

雨水节气前后，万物萌动，春天就要到了。人们喜欢闹花灯来为自己的生活注入力量。同学们，一起动手做一个漂亮的花灯吧，共同体会雨水节气带来的勃勃生机。

第一章 二十四节气

惊蛰：表示"立春"以后天气转暖，春雷震响，蛰伏在泥土里的各种冬眠动物将苏醒并开始活动起来，这个时期，过冬的虫也开始排卵孵化了。

> 古有惊蛰日农民吃炒豆的习俗，人们将黄豆浸泡在盐水里一段时间，然后在锅里炒出"噼啪"之声，寓意是虫子受热煎熬蹦跳发出声响。快和家人一起"解锁"炒豆这道美食吧。

春分：第一"平分春天"，古时以立春到立夏之间的6个节气为春季，春分正是春季中分点，平分了春季；第二"平分昼夜"，天文学上，春分这一天阳光直射赤道，南北半球昼夜相等，此后，北半球昼长夜短。

> 春分时，不少人选择出门春游踏青。同学们去野外郊游时，请在爸爸妈妈的帮助下，找一找可以食用的野菜。野菜的营养成分有蛋白质、脂肪、维生素C及叶酸等，采摘一些带回家，尝一尝"春天的味道"。（小提醒：野菜虽好，也不能吃太多哦。）

清明：兼具自然与人文两大内涵，既是二十四节气之一，也是传统祭祖节日。清明时天气清爽温暖，草木始发新枝芽，万物开始生长，农民忙于春耕春种。从前，在清明这一天，有些人家会在门口插上杨柳条，还到郊外踏青，祭扫坟墓。

> 清明时节常放纸鸢，同学们，动起手来制作一个精美的风筝，一起去野外放风筝吧。
> （小提醒：风筝虽好玩，但风筝线容易伤人，一定要小心哦！）

花溪里的气象

谷雨

谷雨：春季的最后一个节气。谷雨取自"雨生百谷"之意，此时节天气温和，降雨明显增多，雨水滋润大地，五谷得以生长，有谚云："谷雨前后，种瓜种豆。"

同学们，你们听说过"吃春"吗？在谷雨前后，香椿醇香爽口、营养价值高，人们把在春天采摘、食用香椿说成"吃春"，想不想吃上一口？和爸爸妈妈一起探索香椿的多种吃法吧，并展示一下，看谁的香椿最美味。

立夏：夏季的开始，从此进入夏天，万物繁茂。立夏时，气温显著升高，炎暑将临，雷雨增多，农作物进入生长旺季。

立夏

立夏吃蛋的习俗由来已久。俗话说："立夏吃了蛋，热天不疰（zhù）夏。"同学们，在立夏这一天，小试身手，为自己和家人煮些鸡蛋吧。如果不会，可以请教家人，还可以多煮几次，比较一下，用多长的时间，在什么样的火候下，煮的鸡蛋最好吃。

小满

小满：是表示物候变化的节气，此时节，农作物小有收获，北方地区的小麦等夏熟作物正是籽粒灌浆饱满、将熟未熟的"小得盈满"之际，所以称之为"小满"。

从小满开始，应及时调整作息，并适当锻炼，促进体内汗液排出，帮助祛除体内湿气。可在早晨或太阳下山后，到公园或绿地散步、打拳、做操、跳舞等，这些都是较好的锻炼方式。

第一章 二十四节气

芒种：夏季的第三个节气，此时气温显著升高，雨量充沛，空气湿度大，适宜晚稻等谷类作物种植。"有芒的麦子快收，有芒的稻子可种"，因此"芒种"又叫"忙种"，是一个典型反映农业物候现象的节气。

> 芒种是一个繁忙却充满欣喜的时节。在炎热夏季，试着制作绿豆汤、酸梅汤等夏日饮品吧。可以通过上网查询、请教家长等方式了解夏日饮品的做法，和家长一起购买绿豆等原材料，亲自动手熬煮绿豆汤、酸梅汤，请家长品尝。

夏至：夏至日这一天，太阳直射地面的位置到达一年的最北端——北回归线。此时，北半球各地昼最长、夜最短。"夏至"是盛夏的起点，气温高、湿度大、不时出现雷阵雨，是夏至后的天气特点。

> 中国古代有夏至送折扇的习俗，唐宋时期，已有男性朋友间在夏至时节互赠折扇的习俗了。到明清时期，这一习俗则演变成了女性之间赠扇，"扇"与"善"同音，意味着传递一份友善。同学们，请利用手中的材料，试着做一把折扇吧，让友谊的美好在我们身边传递开来。

小暑：小暑时天气已经很热了，但还不到最热的时候，所以叫"小暑"。此时，已是初伏前后。所谓"热在三伏"，三伏天通常出现在小暑与处暑之间，是一年中气温最高且又潮湿、闷热的时段。民间有"小暑大暑，上蒸下煮"之说。

> 小暑时节，民间有晒衣服的习俗。民谚有云："六月六，家家晒红绿。"小暑节气，气温高，日照时间长。同学们，和爸爸妈妈一起，把存放在箱柜里的衣服晾到外面接受阳光的暴晒，一起感受阳光的味道吧。

7

花溪里的气象

大暑

大暑：夏季的最后一个节气。此时正值"三伏天"里的"中伏"前后，是一年中最热的时段。大暑时节阳光猛烈，高温潮湿多雨，虽不免有湿热难熬之苦，却十分有利于农作物生长，农作物在此期间生长最快。

在大暑的节气里，试着做一道西瓜皮凉茶吧，降温解暑。吃完西瓜将皮直接丢弃未免有些可惜，可将外皮绿色的那一层利用起来，洗净后切成碎块，放入适量的水煮半小时左右，去渣取汁，再加入少量白糖搅拌均匀，去暑、利尿、解毒的西瓜皮凉茶就做成了。

立秋

立秋：意为从这一天起，秋天开始。立秋后秋高气爽，月明风清。此后，气温逐渐下降。

"啃秋"这个词你听过吗？在立秋这一天，有吃西瓜的习俗，立秋往往也是这一年吃西瓜的最后一个时段了。立秋后，早晚天气变凉，吃凉的东西会对肠胃有不利影响。在立秋这一天，再来享受一次西瓜的美味吧！同学们，请发挥想象，制作一道精美的水果拼盘。

处暑

处暑：即为"出暑"，意味着酷热难熬的天气到了尾声。此时节气温逐渐下降，暑气渐消，是温度下降的一个转折点，是气候变凉的象征。

处暑时节，秋意渐浓，民间有"七月八月看巧云"的说法，同学们，请根据天上的云朵进行创意绘画，可以用马克笔，也可以借助彩泥，尽情发挥你的想象吧。

第一章 二十四节气

白露：秋季的第三个节气，也是反映自然界寒气增长的重要节气，是热与凉的分水岭。自白露节气开始，季风交替，夏季风逐渐被冬季风代替，冷空气逐步南移，天气明显变得凉爽，俗话说："白露秋风夜，一夜凉一夜。"

秋分："分"即为"平分""半"的意思，除了指昼夜平分外，还有一层意思是平分了秋季。秋分日后，太阳光直射位置南移，北半球昼短夜长，昼夜温差加大，气温逐日下降。

同学们，你知道"春分立蛋"吗？其实秋分也有这个习俗。在这个美妙的日子，一起玩一玩"立蛋"的小游戏吧。

寒露：秋季的第五个节气，是深秋的节令。寒露与白露节气相比，气温下降了很多，地面上的露水也更冷了，很可能成为"冻露"，因而称为"寒露"。

寒露到来的农历九月又称"菊月"，菊花是"反季节"的花，越是霜寒露重，菊花越是开得艳丽。同学们，请搜索相关资料，了解一下菊花的特征，并试着找一找有关菊的诗篇或散文，读一读吧。

霜降：二十四节气中的第十八个节气，秋季的最后一个节气，是秋季到冬季的过渡节气。由于"霜"是天冷、昼夜温差变化大的表现，故以"霜降"命名这个"气温骤降、昼夜温差大"的节气。

同学们，萝卜是个宝，在霜降时节，人们就会吃萝卜。你知道萝卜的营养价值和吃法吗？和爸爸妈妈一起探索萝卜的多种食用方法吧。

花溪里的气象

立冬：冬季以立冬开始，至下一个立春前结束。"冬"即"终也、万物收藏也"；立冬，意味着"生气"开始闭蓄，万物进入休养、收藏状态，天气特征也由秋季少雨干燥向冬季阴雨寒冻渐变。

在立冬时节一定要坚持锻炼，这样不仅可以保持头脑清醒，还能提高抗寒抗病能力。不过，冬天健身要避免剧烈运动，以慢跑、健身操为主。户外运动时要做好保暖工作，避免"吃风"受凉。运动出汗后不要急着脱衣服，以免感冒。同学们，运动起来吧。

小雪：此时气温下降，开始降雪，但还不到大雪纷飞的时节，所以叫"小雪"。

同学们，小雪的相关习俗大多与"吃"有关。因为马上就要进入食物匮乏的冬季，所以必须做好越冬准备。民间有"冬腊风腌，蓄以御冬"的习俗。小雪节气后，气温急剧下降，天气变得干燥，是加工腊肉的好时候，等到春节时，正好享受美食。你家今年准备了哪些腊肉？

大雪：大雪前后，黄河流域一带渐有积雪，而北方已是"千里冰封，万里雪飘"的严冬了。

在大雪期间，如果遇到天降大雪的时候，一定会记忆深刻。请记录下在冰天雪地里打雪仗、赏雪景的美好瞬间。

第一章 二十四节气

冬至：冬至日这一天，阳光直射南回归线，北半球白昼最短、黑夜最长。时至冬至，标志着即将进入寒冷时节，民间由此开始"数九"计算寒天。

冬至

冬至的传统习俗有吃饺子、"九九"消寒和祭天祭祖等。在冬至时节吃饺子是盼团圆的意思，取平安团圆之意，也含有希望早日归来之意。同学们，请在冬至日这天，和爸爸妈妈一起带着美好祝福，包一次美味的饺子吧。

小寒

小寒：小寒以后，开始进入寒冷季节。冷气积久而寒，小寒是天气寒冷但还没有到极点的意思。

小寒节气中有一项重要的民俗，就是吃腊八粥。古籍记载，腊八粥用黄米、白米、江米、小米、去皮枣泥等合水煮熟，再用桃仁、杏仁、瓜子、花生等作点缀。这些食品均为甘温之品，有调脾胃、驱寒强身、生津止渴的功效。快和爸爸妈妈准备起来，做一碗热气腾腾、营养丰富的腊八粥吧。

大寒：二十四节气中的最后一个节气。大寒就是天气寒冷到了极点的意思，大寒前后正值"三九"刚过、四九"之初。俗话说"三九四九冰上走"，这是一年中最冷的时节。

大寒

最好的生活是自己创造的，最好的家是自己布置的。同学们，大寒这天可以进行除尘糊窗，即大扫除和贴窗花。请用红纸剪出各种美丽、吉祥的图案，然后将窗花贴在窗户上，把窗户布置得漂漂亮亮。

11

第二章
天气预报

天气预报的发展

天气预报的概念

同学们，你知道天气预报吗？天气预报是根据气象观（探）测资料，应用天气学、动力学、统计学等科学理论和数值预报技术，对某区域或某地点未来一定时段的天气状况做出定性或定量的预测。天气预报采用的方法主要有天气学方法、气象资料统计分析法、数值预报法等。

天气预报的种类

按预报时效可把天气预报分为：短时天气预报，预报未来0～12小时的天气；短期天气预报，预报未来1～3天的天气；中期天气预报，预报未来4～10天的天气；延伸期预报，预报未来11～30天的天气；气候趋势预测，预报未来一个月及以上的预报。

按预报内容可分为两种：天气形势预报，预报大气环流的变化和各种天气系统的生成、消亡、强度变化、移动等情况；气象要素预报，预报温度、风、云、降水等气象要素的状况。

群众看天经验

所谓群众看天经验，是指利用民间流传的天气谚语预测未来天气的变化。这是广大劳动人民在长期生产实践中积累的丰富经验的科学总结，是气象科学宝库中的珍贵财富。

花溪里的气象

看云测天气

如"乌云接落日，不落今日落明日"，意指春夏季节的傍晚，西方乌云密蔽，遮住落日，这种乌云大都是由高空低压系统造成的，它自西向东移动，因为移动快慢不同，所以"今日不落就在明日落"。又如"天上钩钩云，地上雨淋淋""云往东，刮阵风，云往西，披蓑衣""天边馒头云，今日天气晴""鱼鳞天，不雨也风颠""天上鲤鱼斑，明日晒谷不用翻""瓦片云，晒死人"等。

关于云的谚语很多，季节不同，地理位置不同，看云识天也有区别。因此，看云识天是一件相当不容易的事，需要有一定的基本功。

看风测天气

"南风暖、北风寒、东风湿、西风干"，不同的风向带来冷暖、干湿性质不同的空气。南风受暖气团控制，北风受冷气团的影响，东风来自海洋，带来大量水汽，而西风则来自内陆，水汽含量较少。如"一日东风三日雨，三日东风一场空""西风卷乌云，无事莫出门""北风大来好晴天，南风大来坏雨天""日刮南风夜间停，还有几天晴，日刮南风夜不停，快有雨来淋"。

看天象测天气

天象包括各种天气现象和大气中光、电、声等现象。如"日晕三更雨，月晕午时风"，晕是日光或月光穿过卷层云中的冰晶时，由于折射而形成的彩色光圈。而卷层云通常出现在锋面前部，在它的后面，就是锋面所造成的云雨区。所以日晕、月晕的出现，意味着风雨天气即将来临。又如"天高蓝色纯，放心走出门""天黄生雨风，人黄有疾病""朝霞不出门，晚霞行千里""东虹日头，西虹雨""星星密，晒脱皮，星星稀，披蓑衣""星星眨眼，离雨不远""东闪空,西闪风,南闪晴,北闪雨""雷公先唱歌,有雨也不多",这些都是典型的天象对天气的反映其对未来天气的预兆。

看物象测天气

看物象测天气的方法,主要是从动物、植物的生活和生理特性、非生物物理特性的变化中寻找预报依据。如"水缸出汗老牛叫,大雨不久就来到""蚂蚁搬家蛇过道,必定大雨到""晴久蛙叫要下大雨,雨久蛙叫要晴天",这些都是生物活动或物品变化对天气的预兆。

用"韵律"测天气

这里的"韵律"是指一种天气现象出现后,间隔一定时间,就会对应着有另一种天气现象出现,如"正月十五晴,八月十五明""云遮中秋月,雨或雪打元宵灯""春风对秋雨"。

你们是不是特别惊叹于广大劳动人民的聪明才智呢?同学们,处处留心皆学问,在未来的学习和生活中,做一个善于观察的人吧!

花溪里的气象

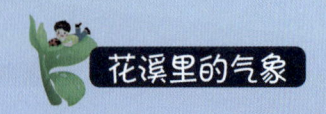

天气预报的制作

天气预报制作主要分为四个步骤。

综合气象观测

目前，我国已经初步建成天基、地基、空基相结合的气象立体观测系统，从地面到高空，从陆地到海洋，全方位、多层次地观测大气变化。

收集、分析气象资料

观测数据通过信息网络传输，并输入到大型计算机进行运算，求解描写天气演变的方程组。天气预报员对着"超大屏"电脑进行数据分析和处理，并在观测实况、卫星云图、雷达回波、数值预报之间来回切换、反复对比。

会商研判天气

天气预报员形成自己的分析推论后，还要进行天气会商。这保证了预报更加稳定合理，遇到天气复杂时，还会组织更多的天气预报员进行加密会商。经过层层指导、逐级会商，最终达成一致的预报结论，对外发布。

发布天气预报

经过多道工序，反复推敲、"打磨"后，天气预报才能通过电视、广播、报纸、手机短信、新媒体等多种方式向公众发布。

第二章 天气预报

如何看懂天气预报

同学们，要想看懂天气预报，首先要看懂天气预报图标，我们一起来认识一下常见的天气预报图标吧。

天气预报图标

晴	多云	阴天	阵雨	小雨
中雨	大雨	暴雨	冻雨	雷阵雨
雷电	雨夹雪	小雪	中雪	大雪
暴雪	雾	浮尘	扬尘	沙尘暴

要想看懂天气预报，还要知道常见的天气预报用语。

17

花溪里的气象

天空状况常见用语

天空状况是以实际云量、云属和云高等大气状况以及阳光投射程度来决定的，主要有晴天、少云、多云、阴天四种情况。

【晴天】 天空无云；或虽有零星的云，但中、低云量占天空面积不到1/10，或有时天空中出现很高很薄的云，但高云量占天空面积的4/10以下，对阳光的透射很少有影响。

【少云】 中、低云量占天空面积的1/10~3/10，或高云量占天空面积的4/10~5/10。

【多云】 中、低云量占天空面积的4/10~7/10或高云量占天空面积的6/10~8/10。

【阴天】 天空阴暗，中、低云量占天空面积的8/10及以上。

气温常见用语

最高气温：一定时段内气温的最高值。日最高气温一般出现在14时左右。

最低气温：一定时段内气温的最低值。日最低气温一般出现在6时左右。

降水常见用语

最常用的降水用语包括小雨、中雨、大雨、暴雨、大暴雨、特大暴雨等，是按照一段时间内降水量的多少来划分的等级。

18

第三章
校园气象站观测方法

花溪里的气象

校园气象站的由来

　　校园气象站是专门为了优化校园科技教育环境，提高青少年学生的科技意识，活跃同学们的课余生活，增强他们的气象意识和动手能力而开发设计的，也是为了满足科学教学的实际需要。校园气象站可以实时监测温度、湿度、风速、风向、雨量、气压等多种气象数据，有时，为了满足学生的动手实践需要，还配备干湿球温度计、最高/最低温度计、风向风速仪、日照计等人工气象观测仪器。在校园里建立气象站不仅使同学们掌握了气象观测的基本方法，更重要的是能够激发同学们学习科学的兴趣和热情，了解更多的气象科学知识。

　　我国的校园气象科普由来已久，最早可追溯到1924年，当时竺可桢先生来到青岛观象台，组织浮山小学等7所小学在那里进行了简单的气象观测。到2019年2月，全国共有92所学校获得中国气象局、中国气象学会授予的"示范校园气象站"称号，这是有据可查、级别较高的校园气象站。实际上，全国大大小小的校园气象站数量远不止于此。2009年，中国气象局公共气象服务中心通过调查，发现全国有实名登记的校园气象站为1063个，全国通过校园气象站接触到气象知识的青少年约有66万人。

第三章　校园气象站观测方法

气象要素的观测

能见度的观测

目前我国气象部门能见度观测分为人工目测观测和自动设备观测。人工观测是观测员在一天中的几个特定时刻，利用目测不同距离目标物的清晰程度来判别能见度值。自动设备观测是利用光学设备对大气的特定光学特性进行测量，并计算得出能见度值。

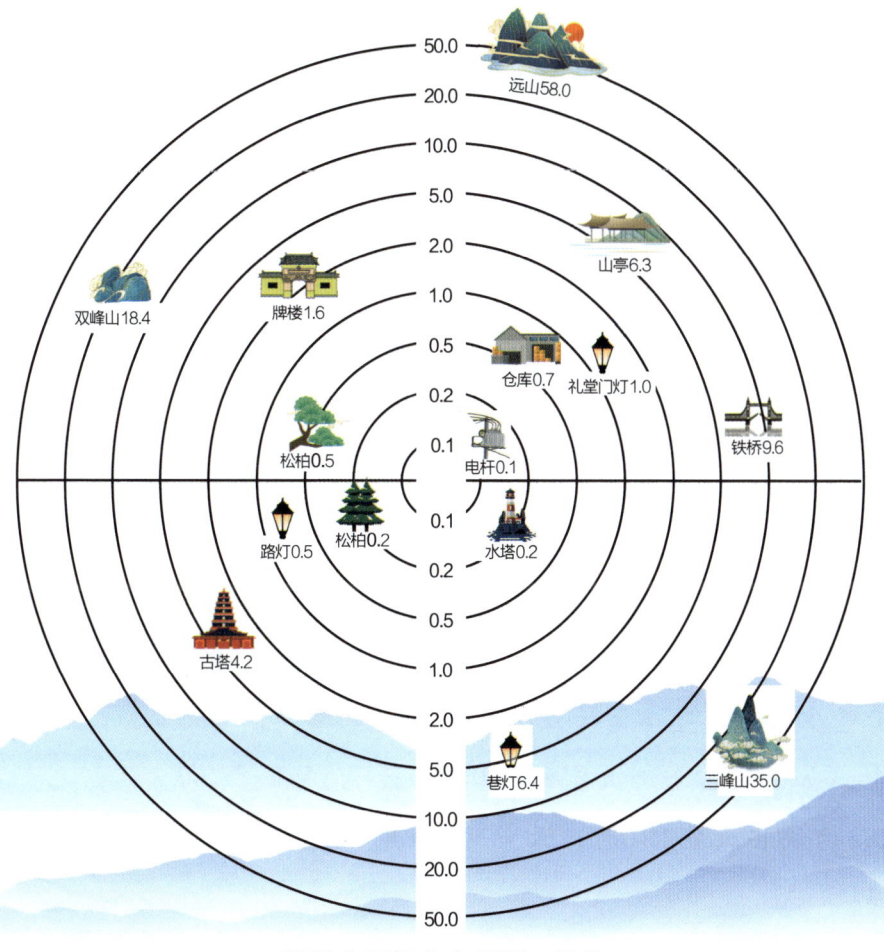

能见度目标分布例图 / 千米

花溪里的气象

绘图方法

一般是先在纸上画9个同心圆。圆心代表观测点，自近而远地每圈分别代表0.1千米、0.2千米、0.5千米、1.0千米、2.0千米、5.0千米、10.0千米、20.0千米、50.0千米的距离。然后把所有目标物以其简略图形或编号形式，按其所在方位、距离分别标在相应的位置上。

注 意

观测能见度时，选择学校一高处，提前确定相应目标物的距离，根据是否能看到目标物作为能见度的依据。观测前需根据现场观测条件进行自行估测和标注，需在老师的带领下观测。

云量的观测

通常将整个天空划分为10等份：

碧空无云或被云遮蔽不到0.5份时，云量为0；

云遮盖天空一半时，云量为5；

云量多时，应估计露出的青天，再推算出云量；

云量少时，则直接估计云所遮蔽天空的份数，如云块占全部天空的1/10时，云量为1，云块占天空2/10时，云量为2，其余类推。

例如：下图云量为4

云 4　6 晴空

云量例图

天气现象的观测

天气现象是指发生在大气中可见的与天气过程相关的物理现象，它包括降水、地面凝结、视程障碍、雷电等现象，这些现象都是在一定的天气条件下产生的。

云的观测

云的高度、外形特征、量的多少、分布及其演变，不仅反映了当时大气的运动、稳定程度和水汽状况，而且也是预示未来天气变化的重要征兆之一。

看云识天气谚语

天上钩钩云，地上雨淋淋。
天有城堡云，地上雷雨临。
天上扫帚云，三天雨降淋。
早晨棉絮云，午后必雨淋。
空中鱼鳞天，不雨也风颠。
天上豆荚云，不久雨将临。
黑黄云滚翻，冰雹在眼前。
朝霞不出门，晚霞行千里。

花溪里的气象

云按照云底高度分为低、中、高三族，然后又区分为积云、层云、层积云、积雨云、高积云、高层云、雨层云、卷云、卷积云、卷层云十属。

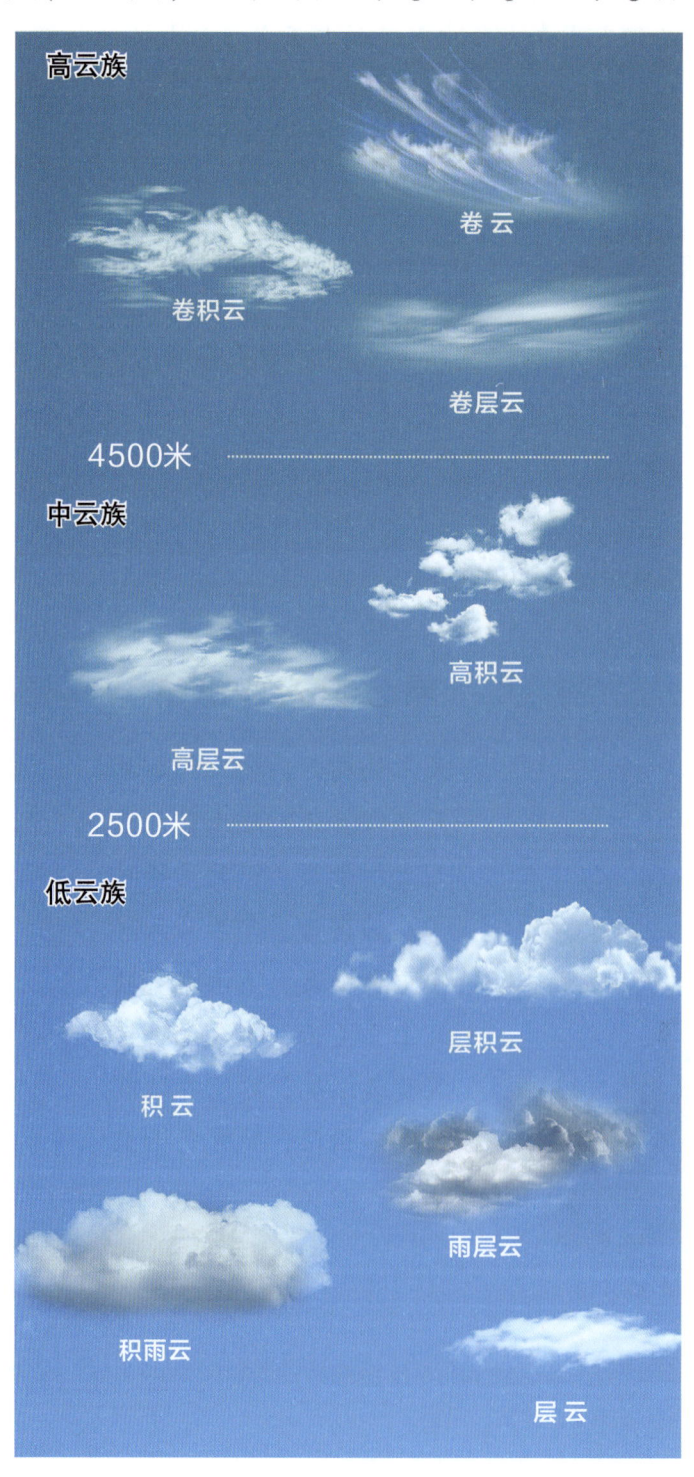

高云族
卷云
卷积云
卷层云
4500米
中云族
高积云
高层云
2500米
低云族
层积云
积云
雨层云
积雨云
层云

风的观测

风在天气预报中具有重要的作用，常作为良好的预报指标而广泛应用。风一般是指空气的水平运动，风的运动既有速度又有方向，因此风的观测包括风向和风速两项。

风向是指风的来向，人工观测用十六方位表示。

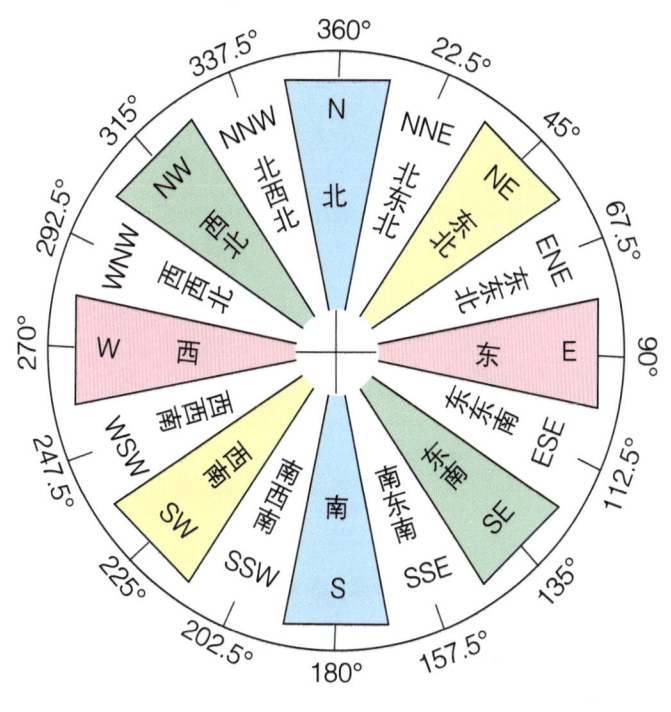

风的十六方位

风速是空气质点在单位时间内所移动的水平距离，以m/s（米/秒）为单位，定时观测取整数记录。

通常用风杯来测量风速。风吹来时，风杯在风的作用下转动，根据风杯的转速（每秒钟转的圈数）就可以确定风速的大小。

风杯

花溪里的气象

风力等级表

风力/级	风速/（m/s）	风力/级	风速/（m/s）
0	0.0~0.2	9	20.8~24.4
1	0.3~1.5	10	24.5~28.4
2	1.6~3.3	11	28.5~32.6
3	3.4~5.4	12	32.7~36.9
4	5.5~7.9	13	37.0~41.4
5	8.0~10.7	14	41.5~46.1
6	10.8~13.8	15	46.2~50.9
7	13.9~17.1	16	51.0~56.0
8	17.2~20.7	17	≥56.1

风的等级歌谣

零级无风烟上冲，一级看烟示西东。
二级树叶瑟瑟响，风标时刻动不停。
三级风起红旗展，四级尘土飞空中。
五级河面起微波，有叶小树迎风动。
风到六级电线响，风中撑伞难前行。
七级大风树弯腰，逆风步行困难重。
八级树枝多折断，迎风差点走不动。
九级草屋遭破坏，平房揭瓦倒烟囱。
陆上十级风不多，屋倒树歪耍威风。
如果刮到十一级，大树拔根楼房倾。
十二级风陆上无（少），海浪滔天闹龙宫。

看图了解风的等级

0 级烟柱直冲天

1 级轻烟随风偏

2 级轻风拂脸面

3 级叶动红旗展

4 级风吹飞纸片

5 级小树随风摇

6 级举伞有困难

7 级迎风走不便

8 级风吹树枝断

9 级屋顶飞瓦片

10 级拔树又倒屋

11、12 级陆上很少见

花溪里的气象

蒸发的观测

每天20时进行观测，测量前一天20时注入的20毫米高的清水（即当日原量）经24小时蒸发的剩余水量，蒸发量计算公式如下。

> 蒸发量＝原量＋降水量－余量

蒸发器内的水量全部蒸发完时，记为20.0毫米，此种情况应避免发生，平时要注意蒸发情况，增加原量。

蒸发皿

空气湿度的观测

空气湿度的观测方法和仪器很多，这里给同学们介绍一种较简单的湿度观测仪器——毛发湿度计。人的头发有一种特性，它吸收空气中水汽的多少是随空气湿润程度的增大而增加的，而毛发的长短又和它所含有的水分多少有关。利用这一变化即可制造毛发湿度计。

使用方法：指针初始位置在最左侧0刻度，中间毛发受到空气湿度影响，会向右偏转，指到相应位置，读出数字即代表相对湿度，例如左图中显示，现在的空气湿度是28%。

注意：每过一段时间，需要对毛发湿度计重新调整校准。

毛发湿度计

第三章 校园气象站观测方法

温度的观测

温度是表示物体冷热程度的物理量。我国使用的温度单位是℃（摄氏度）。气温是表征空气冷热程度的物理量。气象部门所指的气温，是离地约1.5米处百叶箱中空气的温度。

对气温的观测，通常一天要进行4次：一般在北京时间2时、8时、14时、20时。

最常见的测温工具是玻璃管液体温度计，是利用玻璃管内液体随温度变化而热胀冷缩的原理来测量温度的。这种温度计通常由液体存储器、测温液体、细管、标尺四部分组成；用来测温的液体为水银、酒精、甲苯等。

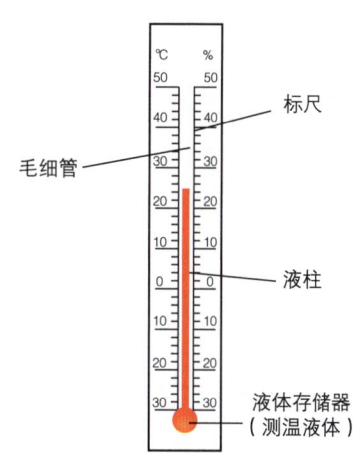

玻璃管液体温度计

降水量的观测

测定降水量时，先取出雨量筒内的储水瓶，用雨量杯量取降水。

读数时，雨量杯必须保持水平，视线要同量杯内水面齐平。读取水面凹下去的刻度线。读数要精确到小数点后一位。如果降水量大，一次量不完，可以分多次量，每次计量后要记录，并累计得出总降水量。

降水量观测一般一天2次。学校气象站可根据实际情况安排观测时间，如7时和17时。遇到特大阵雨时，在雨过之后就应立即测量，及时了解这次降水的强度。

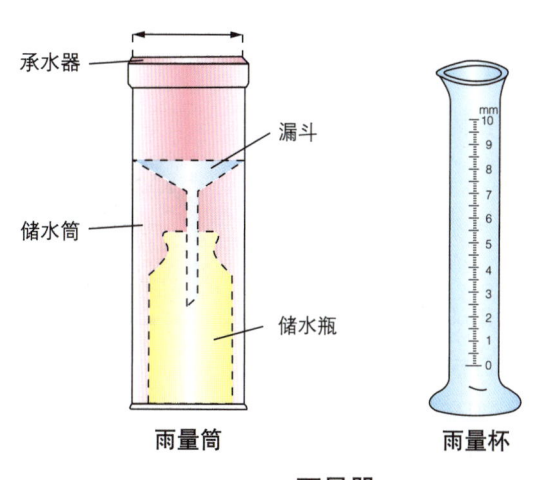

雨量器

29

花溪里的气象

气象部门把下雨、下雪都叫作降水，降水的多少叫降水量。降水量就是指从天空降落到地面上的液态和固态（经融化后）降水，没有经过蒸发、渗透和流失而在水平面上积聚的深度。它的单位是毫米。在气象上用单位时间的降水量来区分降水的强度，可分为小雨、中雨、大雨、暴雨、大暴雨、特大暴雨，小雪、中雪、大雪和暴雪等。

小雨：12小时内降水量在0.1～4.9毫米，或24小时内降水量在0.1～9.9毫米的降雨过程。

中雨：12小时内降水量在5.0～14.9毫米，或24小时内降水量在10.0～24.9毫米的降雨过程。

大雨：12小时内降水量在15.0～29.9毫米，或24小时内降水量在25.0～49.9毫米的降雨过程。

凡24小时内降水量超过50毫米的降雨过程统称为暴雨。根据暴雨的强度可分为暴雨、大暴雨、特大暴雨三种。

暴雨：12小时内降水量在30.0～69.9毫米，或24小时内降水量在50.0～99.9毫米的降雨过程。

大暴雨：12小时内降水量在70.0～139.9毫米，或24小时内降水量在100.0～249.9毫米的降雨过程。

特大暴雨：12小时内降水量大于140.0毫米，或24小时内降水量大于或等于250.0毫米的降雨过程。

第三章 校园气象站观测方法

小雪：12小时内降雪量在0.1~0.9毫米（折合为融化后的雨水量，下同），或24小时内降雪量在0.1~2.4毫米的降雪过程。

中雪：12小时内降雪量1.0~2.9毫米，或24小时内降雪量在2.5~4.9毫米或积雪深度达30毫米的降雪过程。

大雪：12小时内降雪量在3.0~5.9毫米，或24小时内降雪量在5.0~9.9毫米，或积雪深度达50毫米的降雪过程。

暴雪：12小时内降雪量大于6.0毫米，或24小时内降雪量在10.0~19.9毫米，或积雪深度达80毫米的降雪过程。

花溪里的气象

气象观测数据的分析

对收集到的气象观测数据，可采用统计图的方式来分析各种气象要素的发生频率、强度、变化规率等。

气象观测数据统计例图

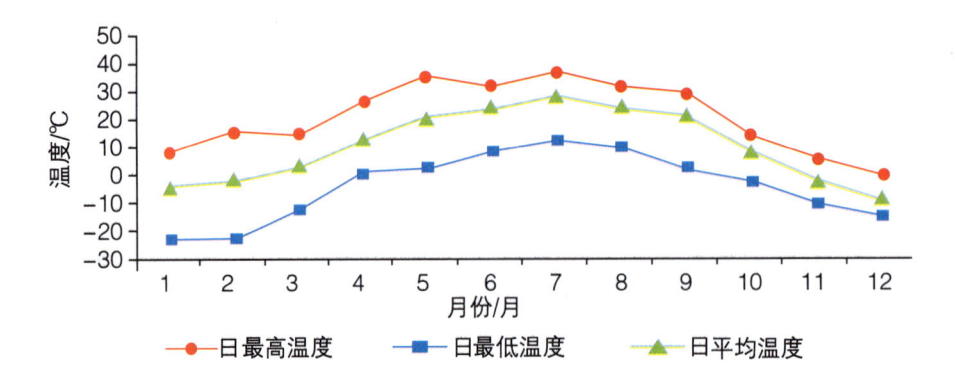

日最高、最低、平均温度折线图

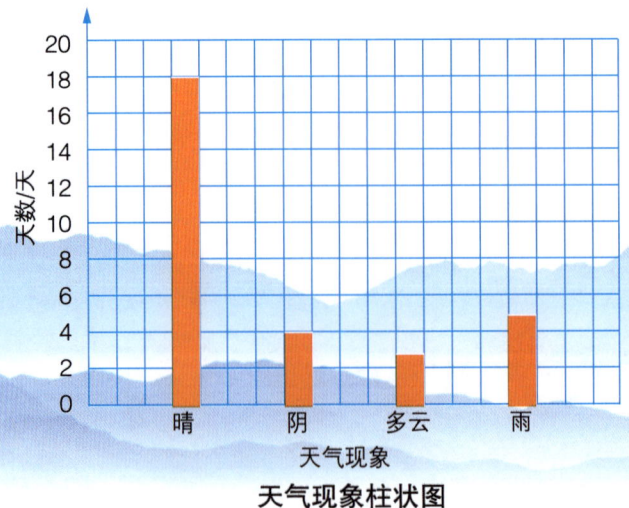

天气现象柱状图

第四章
常见气象灾害

花溪里的气象

同学们,你们了解什么是气象灾害吗?了解气象灾害的类型吗?知道如何防御气象灾害吗?让我们一起来看看吧!

气象灾害是指天气过程对人类的生命财产和国民经济建设及国防建设等造成的直接或间接的损害,常造成几百万元到几百亿元的损失,以及灾害区内不同程度的人员伤亡。中国是世界上自然灾害发生十分频繁、灾害种类甚多、灾害损失十分严重的少数国家之一。

气象灾害有20余种,下面介绍暴雨、暴雪、道路结冰、寒潮、大风、高温、冰雹、大雾、霾等9种城市常见气象灾害。

暴　雨

我们第一个要了解的气象灾害是暴雨。2021年7月20日,郑州受到了暴雨的侵袭,造成了巨大的损失。所以,同学们,我们一定要了解暴雨的概念,以及遇到暴雨时我们该如何自救,减少伤亡和损失。

暴雨的定义

暴雨是指短时间内产生较强降雨(24小时降水量大于或等于50毫米)的天气现象。

暴雨预警信号及防御指南

暴雨预警信号分四级，分别以蓝色、黄色、橙色、红色表示。

暴雨蓝色预警信号

标准：12小时内降雨量将达50毫米以上，或者已达50毫米以上且降雨可能持续。

防御指南

1. 政府及相关部门按照职责做好防暴雨准备工作；
2. 学校、幼儿园采取适当措施，保证学生和幼儿安全；
3. 驾驶人员应当注意道路积水和交通阻塞，确保安全；
4. 检查城市、农田、鱼塘排水系统，做好排涝准备。

暴雨黄色预警信号

标准：6小时内降雨量将达50毫米以上，或者已达50毫米以上且降雨可能持续。

防御指南

1. 政府及相关部门按照职责做好防暴雨工作；
2. 交通管理部门应当根据路况在强降雨路段采取交通管制措施，在积水路段实行交通引导；
3. 切断低洼地带有危险的室外电源，暂停在空旷地方的户外作业，转移危险地带人员和危房居民到安全场所避雨；
4. 检查城市、农田、鱼塘排水系统，采取必要的排涝措施。

花溪里的气象

暴雨橙色预警信号

标准：3小时内降雨量将达50毫米以上，或者已达50毫米以上且降雨可能持续。

防御指南

1. 政府及相关部门按照职责做好防暴雨应急工作；
2. 切断有危险的室外电源，暂停户外作业；
3. 处于危险地带的单位应当停课、停业，采取专门措施保护已到校学生、幼儿和其他上班人员的安全；
4. 做好城市、农田的排涝，注意防范可能引发的山洪、滑坡、泥石流等灾害。

暴雨红色预警信号

标准：3小时内降雨量将达100毫米以上，或者已达100毫米以上且降雨可能持续。

防御指南

1. 政府及相关部门按照职责做好防暴雨应急和抢险工作；
2. 停止集会、停课、停业（除特殊行业外）；
3. 做好山洪、滑坡、泥石流等灾害的防御和抢险工作。

特别提示：暴雨天气往往伴有雷电发生，还要注意防范雷电灾害。

第四章 常见气象灾害

暴 雪

同学们，我们要了解的第二个气象灾害是暴雪。俗话说"瑞雪兆丰年"，但是如果出现了暴雪，农业生产将受到影响；同时，气温下降可能造成道路结冰，我们的生活也会有影响。因此，我们要了解什么是暴雪，认识暴雪预警信号，以便及时规避风险。

暴雪的定义

暴雪是指24小时降雪量（融化成水）达到或超过10毫米的降雪。

暴雪预警信号及防御指南

暴雪预警信号分四级，分别以蓝色、黄色、橙色、红色表示。

暴雪蓝色预警信号

标准：12小时内降雪量将达4毫米以上，或者已达4毫米以上且降雪持续，可能对交通或者农牧业有影响。

防御指南

1. 政府及有关部门按照职责做好防雪灾和防冻害准备工作；
2. 交通、铁路、电力、通信等部门应当进行道路、铁路、线路巡查维护，做

37

花溪里的气象

好道路清扫和积雪融化工作；

3. 行人注意防寒防滑，驾驶人员小心驾驶，车辆应当采取防滑措施；

4. 农牧区和种养殖业要储备饲料，做好防雪灾和防冻害准备；

5. 加固棚架等易被雪压的临时搭建物。

暴雪黄色预警信号

标准：12小时内降雪量将达6毫米以上，或者已达6毫米以上且降雪持续，可能对交通或者农牧业有影响。

防御指南

1. 政府及相关部门按照职责落实防雪灾和防冻害措施；

2. 交通、铁路、电力、通信等部门应当加强道路、铁路、线路巡查维护，做好道路清扫和积雪融化工作；

3. 行人注意防寒防滑，驾驶人员小心驾驶，车辆应当采取防滑措施；

4. 农牧区和种养殖业要备足饲料，做好防雪灾和防冻害准备；

5. 加固棚架等易被雪压的临时搭建物。

暴雪橙色预警信号

标准：6小时内降雪量将达10毫米以上，或者已达10毫米以上且降雪持续，可能或者已经对交通或者农牧业有较大影响。

防御指南

1. 政府及相关部门按照职责做好防雪灾和防冻害的应急工作；

2. 交通、铁路、电力、通信等部门应当加强道路、铁路、线路巡查维护，做好道路清扫和积雪融化工作；

3. 减少不必要的户外活动；

4. 加固棚架等易被雪压的临时搭建物，将户外牲畜赶入棚圈喂养。

暴雪红色预警信号

标准：6小时内降雪量将达15毫米以上，或者已达15毫米以上且降雪持续，可能或者已经对交通或者农牧业有较大影响。

防御指南

1. 政府及相关部门按照职责做好防雪灾和防冻害的应急和抢险工作；
2. 必要时停课、停业（除特殊行业外）；
3. 必要时飞机暂停起降，火车暂停运行，高速公路暂时封闭；
4. 做好牧区等救灾救济工作。

特别提示：暴雪天气时极易发生交通事故，遇到交通事故不要心慌，及时拨打急救电话，采取必要的急救措施。

道路结冰

同学们，我们要了解的第三个气象灾害是道路结冰。在之前的课上我们了解到暴雪会造成道路结冰，对日常出行有一定的影响。那么，今天我们来详细地了解一下，什么是道路结冰，有哪些预警信号，我们该怎么面对道路结冰。

道路结冰的定义

道路结冰是指地面温度低于0℃，道路上可能出现积雪或结冰的现象。

道路结冰预警信号及防御指南

道路结冰预警信号分三级,分别以黄色、橙色、红色表示。

道路结冰黄色预警信号

标准:当路表温度低于0℃,出现降水,12小时内可能出现对交通有影响的道路结冰。

防御指南

1. 交通、公安等部门要按照职责做好道路结冰应对准备工作;
2. 驾驶人员应当注意路况,安全行驶;
3. 行人外出尽量少骑自行车,注意防滑。

道路结冰橙色预警信号

标准:当路表温度低于0℃,出现降水,6小时内可能出现对交通有较大影响的道路结冰。

防御指南

1. 交通、公安等部门要按照职责做好道路结冰应急工作;
2. 驾驶人员必须采取防滑措施,听从指挥,慢速行使;
3. 行人出门注意防滑。

道路结冰红色预警信号

标准：当路表温度低于0℃，出现降水，2小时内可能出现或者已经出现对交通有很大影响的道路结冰。

防御指南

1. 交通、公安等部门做好道路结冰应急和抢险工作；
2. 交通、公安等部门注意指挥和疏导行驶车辆，必要时关闭结冰道路交通；
3. 人员尽量减少外出。

寒 潮

同学们，我们要了解的第四个气象灾害是寒潮。寒潮发生时，对工农业生产、群众生活和人体健康都有较大影响。接下来，我们要了解什么是寒潮，认识寒潮预警信号，学会如何在寒潮到来时保护好自己。

寒潮的定义

寒潮是指极地或高纬度地区的强冷空气大规模地向中、低纬度侵袭，造成大范围急剧降温和偏北大风的天气过程，有时还会伴有雨、雪和冰冻灾害。

花溪里的气象

寒潮预警信号及防御指南

寒潮预警信号分四级，分别以蓝色、黄色、橙色、红色表示。

寒潮蓝色预警信号

标准：48小时内最低气温将要下降10℃以上或24小时内最低气温将要下降8℃以上，最低气温小于等于4℃，陆地平均风力可达5级以上；或者48小时内最低气温已经下降10℃以上或24小时内最低气温已经下降8℃以上，最低气温小于等于4℃，平均风力达5级以上，并可能持续。

防御指南

1. 政府及有关部门按照职责做好防寒潮准备工作；
2. 注意添衣保暖；
3. 对热带作物、水产品采取一定的防护措施；
4. 做好防风准备工作。

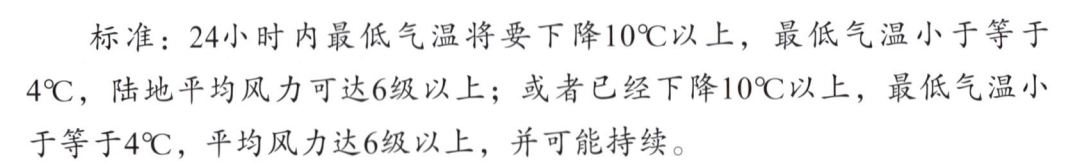

寒潮黄色预警信号

标准：24小时内最低气温将要下降10℃以上，最低气温小于等于4℃，陆地平均风力可达6级以上；或者已经下降10℃以上，最低气温小于等于4℃，平均风力达6级以上，并可能持续。

防御指南

1. 政府及有关部门按照职责做好防寒潮工作；
2. 注意添衣保暖，照顾好老、弱、病人；

3. 对牲畜、家禽和热带、亚热带水果及有关水产品、农作物等采取防寒措施；

4. 做好防风工作。

寒潮橙色预警信号

标准：24小时内最低气温将要下降12℃以上，最低气温小于等于0℃，陆地平均风力可达6级以上；或者已经下降12℃以上，最低气温小于等于0℃，平均风力达6级以上，并可能持续。

防御指南

1. 政府及有关部门按照职责做好防寒潮应急工作；
2. 注意防寒保暖；
3. 农业、水产业、畜牧业等要积极采取防霜冻、冰冻等防寒措施，尽量减少损失；
4. 做好防风工作。

寒潮红色预警信号

标准：24小时内最低气温将要下降16℃以上，最低气温小于等于0℃，陆地平均风力可达6级以上；或者已经下降16℃以上，最低气温小于等于0℃，平均风力达6级以上，并可能持续。

防御指南

1. 政府及相关部门按照职责做好防寒潮的应急和抢险工作；
2. 注意防寒保暖；
3. 农业、水产业、畜牧业等要积极采取防霜冻、冰冻等防寒措施，尽量减少损失；
4. 做好防风工作。

花溪里的气象

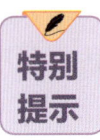

特别提示：寒潮天气常伴有大风，注意防寒保暖，采取防冻措施，做好防风工作。

大 风

同学们，我们要了解的第五个气象灾害是大风。当我们遇到大风天气时，常常走路困难，小花小草小树也被刮弯了腰。因此我们要了解什么是大风，认识大风预警信号，风力的等级，要在第一时间规避风险。

大风的定义

当平均风速达到或超过10.8米/秒（即平均风力达到6级或以上），或瞬时风速达到或超过17.2米/秒（即瞬时风力达到8级或以上）时，称作大风。

大风预警信号及防御指南

大风（除雷暴大风外）预警信号分四级，分别以蓝色、黄色、橙色、红色表示。

44

大风蓝色预警信号

标准：24小时内可能受大风影响，平均风力可达6级以上，或者阵风7级以上；或者已经受大风影响，平均风力为6~7级，或者阵风7~8级并可能持续。

防御指南

1. 政府及相关部门按照职责做好防大风工作；
2. 关好门窗，加固围板、棚架、广告牌等易被风吹动的搭建物，妥善安置易受大风影响的室外物品，遮盖建筑物资；
3. 相关水域水上作业和过往船舶采取积极的应对措施，如回港避风或者绕道航行等；
4. 行人注意尽量少骑自行车，刮风时不要在广告牌、临时搭建物等下面逗留；
5. 有关部门和单位注意森林、草原等防火。

大风黄色预警信号

标准：12小时内可能受大风影响，平均风力可达8级以上，或者阵风9级以上；或者已经受大风影响，平均风力为8~9级，或者阵风9~10级并可能持续。

防御指南

1. 政府及相关部门按照职责做好防大风工作；
2. 停止露天活动和高空等户外危险作业，危险地带人员和危房居民尽量转到避风场所避风；
3. 相关水域水上作业和过往船舶采取积极的应对措施，加固港口设施，防止船舶走锚、搁浅和碰撞；
4. 切断户外危险电源，妥善安置易受大风影响的室外物品，遮盖建筑物资；
5. 机场、高速公路等单位应当采取保障交通安全的措施，有关部门和单位注意森林、草原等防火。

花溪里的气象

大风橙色预警信号

标准：6小时内可能受大风影响，平均风力可达10级以上，或者阵风11级以上；或者已经受大风影响，平均风力为10～11级，或者阵风11～12级并可持续。

防御指南

1. 政府及相关部门按照职责做好防大风应急工作；
2. 房屋抗风能力较弱的中小学校和单位应当停课、停业，人员减少外出；
3. 相关水域水上作业和过往船舶应当回港避风，加固港口设施，防止船舶走锚、搁浅和碰撞；
4. 切断危险电源，妥善安置易受大风影响的室外物品，遮盖建筑物资；
5. 机场、铁路、高速公路、水上交通等单位应当采取保障交通安全的措施，有关部门和单位注意森林、草原等防火。

大风红色预警信号

标准：6小时内可能受大风影响，平均风力可达12级以上，或者阵风13级以上；或者已经受大风影响，平均风力为12级以上，或者阵风13级以上并可能持续。

防御指南

1. 政府及相关部门按照职责做好防大风应急和抢险工作；
2. 人员应当尽可能停留在防风安全的地方，不要随意外出；
3. 回港避风的船舶要视情况采取积极措施，妥善安排人员留守或者转移到安全地带；
4. 切断危险电源，妥善安置易受大风影响的室外物品，遮盖建筑物资；
5. 机场、铁路、高速公路、水上交通等单位应当采取保障交通安全的措施，有关部门和单位注意森林、草原等防火。

第四章 常见气象灾害

特别提示 大风天气注意防范因大风引起的火灾。

高 温

同学们，一到夏天，火辣辣的太阳照射着大地，我们就觉得炎热无比，常常叫嚷着"好热呀，好热呀！"其实这是夏天的常态，河南一到夏天，气温常常达到40℃左右，这是一种气象灾害，也是我们要了解的第五个气象灾害——高温。接下来，我们一起去要了解什么是高温，认识高温预警信号，以及如何预防。

高温的定义

高温是指日最高气温达到或超过35℃的天气。

高温预警信号及防御指南

高温预警信号分三级，分别以黄色、橙色、红色表示。

47

花溪里的气象

高温黄色预警信号

标准：连续三天日最高气温将在35℃以上。

> **防御指南**
>
> 1. 有关部门和单位按照职责做好防暑降温准备工作；
> 2. 午后尽量减少户外活动；
> 3. 对老、弱、病、幼人群提供防暑降温指导；
> 4. 高温条件下作业和白天需要长时间进行户外露天作业的人员应当采取必要的防护措施。

高温橙色预警信号

标准：24小时内最高气温将升至37℃以上。

> **防御指南**
>
> 1. 有关部门和单位按照职责落实防暑降温保障措施；
> 2. 尽量避免在高温时段进行户外活动，高温条件下作业的人员应当缩短连续工作时间；
> 3. 对老、弱、病、幼人群提供防暑降温指导，并采取必要的防护措施；
> 4. 有关部门和单位应当注意防范因用电量过高，以及电线、变压器等电力负载过大而引发的火灾。

高温红色预警信号

标准：24小时内最高气温将升至40℃以上。

> **防御指南**
>
> 1. 有关部门和单位按照职责采取防暑降温应急措施；
> 2. 停止户外露天作业（除特殊行业外）；
> 3. 对老、弱、病、幼人群采取保护措施；
> 4. 有关部门和单位要特别注意防火。

特别提示：高温天气，用电量大注意防范因电线、变压器等电力设备负载过大而引发的火灾。

冰雹

同学们，我们要了解的第七个气象灾害是冰雹。当我们遇到冰雹时，常常无所适从，小花小草小树也常常被砸得七零八散。因此我们要了解什么是冰雹，认识冰雹预警信号，要在第一时间规避风险。

冰雹的定义

冰雹是坚硬的球状、锥状或形状不规则的固态降水，一般从积雨云中降下，常伴随雷暴出现。

冰雹预警信号及防御指南

冰雹预警信号分二级，分别以橙色、红色表示。

冰雹橙色预警信号

标准：6小时内可能出现冰雹天气，并可能造成雹灾。

> **防御指南**
>
> 1. 政府及相关部门按照职责做好防冰雹的应急工作；
> 2. 气象部门做好人工防雹作业准备并择机进行作业；
> 3. 户外行人立即到安全的地方暂避；
> 4. 驱赶家禽、牲畜进入有顶蓬的场所，妥善保护易受冰雹袭击的汽车等室外物品或者设备；
> 5. 注意防御冰雹天气伴随的雷电灾害。

冰雹红色预警信号

标准：2小时内出现冰雹可能性极大，并可能造成重雹灾。

> **防御指南**
>
> 1. 政府及相关部门按照职责做好防冰雹的应急和抢险工作；
> 2. 气象部门适时开展人工防雹作业；
> 3. 户外行人立即到安全的地方暂避；
> 4. 驱赶家禽、牲畜进入有顶蓬的场所，妥善保护易受冰雹袭击的汽车等室外物品或者设备；
> 5. 注意防御冰雹天气伴随的雷电灾害。

特别提示：注意防御冰雹天气伴随的雷电灾害。

大 雾

同学们，我们要了解的第八个气象灾害是大雾。当遇到大雾天气时，我们常常看不见远处的东西，严重的话甚至连红绿灯都看不清，同学们，如果你们遇到大雾，该怎么做呢？我们一起来了解什么是大雾，认识大雾预警信号，学会第一时间规避风险。

大雾的定义

雾是由大量悬浮在近地面空气中的微小水滴或冰晶组成的水汽凝结物，常呈乳白色，使水平能见度小于1千米的天气现象。当水平能见度小于500米时，将发布大雾预警信号。

大雾预警信号及防御指南

大雾预警信号分三级，分别以黄色、橙色、红色表示。

大雾黄色预警信号

标准：12小时内可能出现能见度小于500米的雾，或者已经出现能见度小于500米、大于等于200米的雾并将持续。

防御指南
1. 有关部门和单位按照职责做好防雾准备工作；
2. 机场、高速公路、轮渡码头等单位加强交通管理，保障安全；
3. 驾驶人员注意雾的变化，小心驾驶；
4. 户外活动注意安全。

大雾橙色预警信号

标准：未来6小时内将出现能见度小于200米的雾，或者已经出现能

花溪里的气象

见度小于200米、大于等于50米的雾并将持续。

防御指南

1. 有关部门和单位按照职责做好防雾工作；
2. 机场、高速公路、轮渡码头等单位加强调度指挥；
3. 驾驶人员必须严格控制车、船的行进速度；
4. 减少户外活动。

大雾红色预警信号

标准：2小时内可能出现能见度小于50米的雾，或者已经出现能见度小于50米的雾并将持续。

防御指南

1. 有关部门和单位按照职责做好防雾应急工作；
2. 有关单位按照行业规定适时采取交通安全管制措施，如机场暂停飞机起降，高速公路暂时封闭，轮渡暂时停航等；
3. 驾驶人员根据雾天行驶规定，采取雾天预防措施，根据环境条件采取合理行驶方式，并尽快寻找安全停放区域停靠；
4. 不要进行户外活动。

特别提示：雾天极易引发哮喘、咽炎等呼吸道疾病，尽量减少室外活动，外出回来后应及时清洗面部、鼻腔及裸露的皮肤。

霾

同学们，我们要了解的第九个气象灾害是霾。我们一起来学习一下霾的预警信号，了解如何让霾减少，让我们的天空更蓝吧。

霾的定义

霾是指大量极细微的干尘粒等均匀地悬浮在空中使水平能见度小于10千米的空气浑浊现象。

霾预警信号及防御指南

霾预警信号分三级，分别以黄色、橙色、红色表示。

霾黄色预警信号

标准：预计未来24小时内可能出现下列条件之一并将持续或实况已达到下列条件之一并可能持续：

（1）能见度小于3000米且相对湿度小于80%的霾。

（2）能见度小于2000米且相对湿度大于等于80%，$PM_{2.5}$（细颗粒物）浓度大于115微克/米³且小于等于150微克/米³。

（3）能见度小于3000米，$PM_{2.5}$浓度大于150微克/米³且小于等于250微克/米³。

防御指南

1. 空气质量明显降低，人员需适当防护；
2. 一般人群适量减少户外活动，儿童、老人及易感人群应减少外出。

花溪里的气象

霾橙色预警信号

标准：预计未来24小时内可能出现下列条件之一并将持续或实况已达到下列条件之一并可能持续：

（1）能见度小于2000米且相对湿度小于80%的霾。

（2）能见度小于2000米且相对湿度大于等于80%，$PM_{2.5}$浓度大于150微克/立方米且小于等于250微克/米^3。

（3）能见度小于5000米，$PM_{2.5}$浓度大于250微克/米^{3}且小于等于500微克/米^3。

防御指南

1. 空气质量差，人员需适当防护；
2. 一般人群减少户外活动，儿童、老人及易感人群应尽量避免外出。

霾红色预警信号

标准：未来24小时内可能出现下列条件之一并将持续或实况已达到下列条件之一并可能持续：

（1）能见度小于1000米且相对湿度小于80%的霾。

（2）能见度小于1000米且相对湿度大于等于80%，$PM_{2.5}$浓度大于250微克/米^{3}且小于等于500微克/米^3。

（3）能见度小于5000米，$PM_{2.5}$浓度大于500微克/米^3。

防御指南

1. 政府及相关部门按照职责采取相应措施，控制污染物排放。
2. 空气质量很差，人员需加强防护；
3. 一般人群避免户外活动，儿童、老人及易感人群应当留在室内；
4. 机场、高速公路、轮渡码头等单位加强交通管理，保障安全；
5. 驾驶人员谨慎驾驶。

第四章 常见气象灾害

亲爱的同学们，我们已经学习了10种气象灾害，了解了这些气象灾害的概念，它们分别是如何产生的，不同灾害、颜色（级别）气象灾害预警信号的发布标准是什么，在遇到这些灾害时该如何防御避险……相信大家一定都收获很大吧！

如果你们还想了解更多关于气象灾害的相关信息，可以通过以下途径去查询。

天气预报电话（12121或96121）、手机短信

气象大喇叭、气象电子显示屏

电视、广播的天气节目或报纸杂志的天气栏目

气象网站、微博、微信、手机App等

55

花溪里的气象

智慧种植园

王建忠　王　慧　毛洋洋　主编

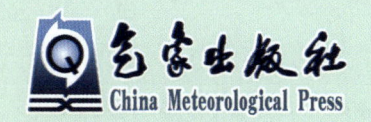

气象出版社
China Meteorological Press

图书在版编目（CIP）数据

花溪里的气象 / 王建忠，王慧，毛洋洋主编. -- 北京：气象出版社，2023.8
ISBN 978-7-5029-7997-3

Ⅰ. ①花… Ⅱ. ①王… ②王… ③毛… Ⅲ. ①气象学－小学－教材 Ⅳ. ①G624.61

中国国家版本馆CIP数据核字（2023）第120407号

花溪里的气象
HUAXI LI DE QIXIANG

王建忠　王　慧　毛洋洋　主编

出版发行：	气象出版社		
地　　址：	北京市海淀区中关村南大街46号	邮政编码：	100081
电　　话：	010-68407112（总编室）　010-68408042（发行部）		
网　　址：	http://www.qxcbs.com	E-mail：	qxcbs@cma.gov.cn
责任编辑：	殷　淼　邵　华	终　　审：	张　斌
责任校对：	张硕杰	责任技编：	赵相宁
封面设计：	阳光图文工作室		
印　　刷：	三河市君旺印务有限公司		
开　　本：	787 mm×1092 mm　1/16	印　　张：	9
字　　数：	130千字		
版　　次：	2023年8月第1版	印　　次：	2023年8月第1次印刷
定　　价：	60.00元（全二册）		

本书如存在文字不清、漏印以及缺页、倒页、脱页等，请与本社发行部联系调换。

编委会

主　　编：王建忠　王　慧　毛洋洋

副主编：杨志红　乔　培　刘　琳

编　　委：阴明丽　杨　蕊　宋美伦　张　萌
　　　　　卫权岗　宋晓倩　李浩宁　薛昌颖
　　　　　王　琼　张保中

目 录

第一章　绪论
气象与农业……………… 2
我国古代农业气象经验…… 4

第二章　气象要素与农业生产
太阳辐射与农业生产……… 8
温度与农业生产…………… 13
水分与农业生产…………… 16
风与农业生产……………… 19

第三章　基本农业气象观测
农业气象要素的观测……… 22
气象要素的观测实训……… 29
常见粮食作物生长的观测… 31
常见蔬菜作物生长的观测… 47

第四章　常见农业气象灾害及预防方法
寒潮………………………… 60
霜冻………………………… 62
低温冷害…………………… 64
干旱………………………… 66
干热风……………………… 68
洪涝………………………… 70
冰雹………………………… 72
大风………………………… 73

第一章 绪 论

花溪里的气象

气象与农业

同学们，你们对地球了解多少呢？对风、雨、雷电等天气现象的产生是否存在疑问呢？它们从何而来，又是如何出现的呢？它们的出现对我们的生活有怎样的影响？下面就让我们一起去揭开它们神秘的面纱吧！

地球表面包围着一层厚厚的空气，称为地球大气，简称大气。大气时刻不停地发生着各种物理过程，如气温的升高或降低，水分的蒸发或凝结，伴随着这些过程出现风、云、雨、雪、雾、霜、雷、电、光等具体的物理现象，称为气象。大气中发生的各种物理现象和物理过程，常用各种定量和定性的特征量来表示，这些特征量称为气象要素。与农业关系最密切的气象要素有太阳辐射、气温、湿度、蒸发、降水、风等。这些气象要素在变化过程中紧密联系，互相影响，在不同的地方和不同时间内错综复杂地结合在一起，形成不同的大气状态，就表现为不同的天气和气候。

一个地方瞬时或短时内由各种气象要素构成的大气状态的综合表现，称为天气。一个地方特有的多年综合的天气特征，称为气候。天气和气候既有联系又有区别，天气是气候的基础，气候是天气的综合。天气是短时间内的大气状态，而气候是长时期的大气的平均统计状态。气候和天气相比，在一定时期内具有相对的稳定性。从广义来讲，气象包括天气和气候。农业生产的过程大都是在自然条件下进行的，农业生产对象必然要受到自然条件的影响和制约，尤其是受到气象条件的影响更为显著。就农作物而言，在生长发育过程中必须要有光、热、水和养分，其中养分虽然不是气象因子，但作物对养分的吸收和利用也依赖于气象因子的配合。如果没有适宜的水、热条件，养分就不能输送到作物中去被吸收、利用。实践证明，凡是风调雨顺的年份，农业就丰收；凡是遇到冷害、旱涝、冰雹等气象灾害的年份，农业就歉收。研究认为，气象条件的异常变化是造成大范围农业生产产量波动的重要原因。

天气和气候条件在时间和空间上的变化，使农业生产具有明显的季节性和地区性。各地区气候条件的不同，决定了各种植物在地理分布上的界限、种植制度和耕作方法等差异。比如果树的分布，在长江以北多为落叶果树，在长江以南多为常绿果树。又如种植制度，我国东北、西北是以玉米、大豆、春小麦为主的一年一熟制；黄河流域主要为麦田，一年两熟制；长江流域盛行水稻—油菜（或水稻—小麦、水稻—绿肥），一年两熟或三熟制；华南则以双季稻、一年三熟制为主。显而易见，各地区不仅熟制不同，种植的作物种类也有很大差异，即使同一作物的不同生育期，或同一作物的不同品种，所要求的气象条件也不同。所以，农业生产必须强调因时、因地制宜。同时，各地区在制订生产计划、安排农事活动、改进农业技术措施、引进优良品种、调整农业结构等，都必须考虑当时当地的天气和气候条件。

原来不同的天气和气候对我们的生产生活有这么重要的影响，农民在种植农作物时还要考虑这么多的气象要素。果然生活中处处充满了知识。

我国古代农业气象经验

几千年来，我国人民在农业生产实践中发现了农业生产与天时的密切关系，积累了丰富的农业气象经验。在历代农业知识宝库中，农业气象知识极为丰富，如《诗经》《吕氏春秋》《管子》《氾胜之书》《淮南子》《齐民要术》等著作，不仅是农业生产的经验总结，也包含丰富的农业气象知识。大量的经验还以谚语、诗歌等形式在人民群众中广为流传，至今仍然在农业生产中发挥着重要作用。

战国《荀子》写道："春耕、夏耘、秋收、冬藏，四者不失时，故五谷不绝，而百姓有余食也。"秦代《吕氏春秋》写道："夫稼，为之者人也，生之者地也，养之者天也。"西汉《氾胜之书》写道："凡耕之本，在于趣时，和土，务粪泽，早锄早获。"北魏《齐民要求》写道："顺天时，量地利，则用力少而成功多，任情返道，劳而无获。"这些古书中的"天""时""天时"等，都是指农业气象条件。

历代劳动人民不仅认识到"天""时"对农业生产的重要作用，而且还找到了"不违农时"的许多客观标准。用自然物候确定农时的方法是古代最常用的，有些至今还在沿用。例如，用物候确定农作物播种期方面，《齐民要术·种谷篇》说："二月上旬及麻菩、杨生种者为上时，三月上旬及清明节、桃始花为中时，四月上旬及枣叶生、桑花落为下时。"《月令辑要》中有"伎儿鸟春来则种禾，秋去则种麦"等记载。用物候确定农业措施也有阐述。如《氾胜之书》说："杏始华荣，辄耕轻土弱土，望杏花落，复耕，耕辄蔺之。"《齐民要术》中有"二月冻解地开，烧而干之"等记载。这种利用物候现象来指导农业生产的方法为现代物候学奠定了基础。

我国古代的劳动人民依据农业发展的需要总结了大量宝贵的经验，对现在的农业发展依然有重要的指导意义。二十四节气是我国古代农业气象学中一项伟大成就，它是农业对象、农业措施和天时的结合。二十四节气源于黄河中下游，反映了这个地区的气候与农业生产特点。它在逐渐向黄河流域以外的地域推广过程中，结合了各地气候与农作物的生长情况，并不断总结经验，加以修改，创造了适应当地生产的农谚。只要比较各地有关冬小麦播种期的农谚，就可知劳动人民是如何灵活运用二十四节气的。华北北部为"白露早，寒露迟，只有秋分正当时"，华北南部为"秋分早，霜降迟，只有寒露正当时"，至华中、华东一带推迟到"寒露、霜降正当时"，更南至浙江则迟至"立冬种麦正当时"了。据研究，冬小麦适宜播种期一般是日平均气温稳定通过16～18℃的时期，上述地区相应的几个节气前后，历年平均气温大都在16～18℃，证明这些地区的农民非常科学地运用了二十四节气。在较小范围的地区，二十四节气也得到了灵活的运用。如浙江宁波一带的经验是"立冬种麦正当时"，而温州地区则为"小麦冬至前"。山西临汾则更有"处暑种高山，白露种平川，秋分种门边，寒露种河

滩"的农业地形气候的经验。

在战胜农业气象灾害方面，《氾胜之书》有："冬雨雪止，辄以蔺之，掩地雪，勿使从风飞去，后雪复蔺之；则立春保泽，冻虫死，来年宜稼。"这种增墒、防旱、防病虫灾害的措施至今仍被采用。《齐民要术》提到："凡五果，花盛时遭霜，则无子，常预于园中，往往贮恶草生粪。天雨新晴，北风寒切，是夜必霜，此时放火作煴，少得烟气，则免于霜矣。"这里对霜冻的危害以及预防等，都是符合现代农业气象科学的。《氾胜之书·种谷篇》说："如种稻欲温，温者缺其膝，令水道相直，夏至后天热，令水道错。" 2000多年前，劳动人民就知道根据气候变化和水的特性来调节稻田的温度条件。

我国古代农业气象经验虽尚未形成一门完整的学科，但长期以来能有效地服务于农业生产，因此，调查、总结农民的农业气象经验，并使之上升为理论，不仅能为当前农业生产服务，还将大大地丰富我国的农业气象科学，走出自己的道路。

第二章
气象要素与农业生产

花溪里的气象

通过学习，同学们已经对气象有了初步的了解，对我国的农业发展也有了一定程度的认知。那么，气象和农业有哪些具体关联？请跟着老师一起来看看吧！

太阳辐射与农业生产

植物的生长离不开太阳，太阳光对农业生产至关重要，那么太阳光对农业生产的影响具体表现在哪些地方呢？一起去了解一下吧！

太阳辐射

太阳是一个巨大而炽热的气态球体，其表面温度为6000 K（开尔文，温度的国际单位），内部温度更高。在太阳内部不断地进行着剧烈的热核反应，所以太阳能释放巨大的能量。太阳以电磁波和粒子流的形式时刻不停地向四周空间传递巨大能量的过程称为太阳辐射。其能量称为太阳辐射能或太阳能。

地球仅仅获得了太阳能的二十二亿分之一，就满足了地球上各种生命活动和自然界种种变化的需要。太阳能是地球和大气热量的主要来源，是大气运动和天气变化的动力，是人类赖以生存的必要因子。由于地球的公转和自转，地球上还形成了昼夜交替和四季轮换。

太阳光谱

太阳辐射中辐射能随波长的分布称为太阳光谱。

在大气的上界，太阳辐射能绝大多数集中在0.15～4μm（微米）波长范围的紫外线、可见光、红外线波段内，约占太阳辐射总能量的99%以上。在太阳辐射光谱中可见光区（波长0.39～0.75μm）的能量约占50%；红外线区（波长0.75～1000μm）约占43%；紫外线区（波长0.01～0.4μm）的能量约占7%。具有最大辐射能力的波长为0.475μm，这个波长在可见光区的青光部分，由此向短波方向各波段具有的能量急剧降低，向长波方向各波段具有的能量则缓慢地减弱。

光照强度

光照度是表示物体被光照射明亮程度的物理量。它指单位时间内垂直投射到单位面积上的对正常人眼能产生光亮感觉的太阳辐射能量，其单位为lx（勒克斯）。光照度的大小决定于可见光的强弱。

到达地面上的太阳辐照度与光照度之间有一定的相关，但不成比例。这是由于太阳辐射中0.4～0.75μm光谱成分所占的比例并不是固定的。

太阳辐射与农业生产

太阳辐射与农业生产的关系主要体现在太阳辐射对植物生长发育的影响，主要包括光质（光谱成分）、光量（光强即光通量）、光时（日照时间）三个方面。

太阳辐射光谱与作物生长发育的关系期

紫外光区对作物生长发育的影响：小于0.29μm的短紫外线对作物有机体有致伤作用，大多数高等作物或真菌在这种辐射线照射下几乎立即死亡。

0.29～0.315μm的紫外线对大多数作物有害，人们利用这部分紫外线消毒土壤、消灭农作物的病虫害。

0.315～0.4μm的紫外线对作物无害，可起成形作用，使作物敦实矮小，叶片变厚；可提高种子萌发能力；可使果品色泽红润、深沉，果品成熟期如缺少紫外线，则含糖量降低。但有些作物要防止紫外线才能获得良好的品质，如云雾茶、生姜等。

可见光区对作物生长发育的影响：可见光是太阳辐射波谱中与作物生长发育关系最密切的波段。可见光辐射也称为光合有效辐射，是太阳辐射光谱中波长范围在0.4～0.76μm的辐射，是绿色植物进行光合作用所必需的和有效的太阳辐射能。叶绿素的吸收高峰波长范围有两个，一个在0.4～0.5μm（主要为蓝、紫光），一个在0.6～0.7μm（主要为红、橙光）。

在可见光中，蓝、紫光的光谱对作物（如向日葵）的向光性运动起着重要作用，当作物向光部分遇到这段光谱时，生长就受到抑制，比背光部位长得慢，导致作物向光性弯曲。可见，蓝、紫光具有防止茎叶徒长（指农作物因生活条件不协调而产生的茎叶发育过旺的现象）的作用。树林、花卉等向光部分长得慢，背光部分长得快，结果时间一长，作物会向光弯曲。可见光还可用于诱杀害虫，因为昆虫的视觉波长范围为0.25～0.7μm，偏于短波，而且多数昆虫具有趋光性，这样，就可以在夜间利用荧光灯发出的较短光谱诱杀害虫。

红外光区对作物生长发育的影响：红外线具有热效应，它不直接参加作物有机质制造过程，却是影响作物热力状况的重要因素，红外线对作物的萌芽和生长有促进作用，果实在红外线的照射下，可使成熟度趋于一致。红外线的热效应使作物体温升高，促进作物蒸腾和物质运输等生理过程，促进干物质积累，而且外界环境的温度愈低，红外线的热效应愈大。

光照度对作物生长发育的影响

光照度对作物的光合作用和产量形成起着十分重要的作用。在一定范围内，随着光照度的增加，光合作用的强度也随之增加。但当光照度增加到一定程度后，光合作用强度就不再增加了，这时的光照度称为光饱和点。超过植物的光饱和点以后，光合强度将保持不变。在过强的光照下，甚至会使光合强度降低。光照不足，光合强度也会降低，植株生长不良，根系不发达，当光照强度减弱到一定程度以后，光合作用的产物仅能补偿呼吸作用的消耗，这时的光照度称为光补偿点。当光照度低于光补偿点时，植物体内不能积累干物质，甚至消耗原积累养料，最后可导致死亡。

光照条件还影响产品的品质，例如光照充足，禾谷类和豆类作物的蛋白质含量高，糖用甜菜和瓜果类的含糖量也高。

根据植物对光照度的要求，可分为喜阳植物和喜阴植物。喜阳作物往往由于植株过密、株间光强不足而引起倒伏，如引起棉花蕾铃脱落；而喜阴作物即使处在弱光条件下，也能正常生长发育。

光照时间对作物生长发育的影响

光照时间等于可照时数与曙暮光时数的和。曙暮光是指在日出之前或日落之后散射在地球大气层的上层，由于高空大气里的质点和尘埃对太阳起散射作用而引起的，照亮了低层大气与地球表面的阳光。

光照时间对作物的影响包括两个方面：一是表示光合作用时间的长短；二是与作物的光周期有关。在自然条件下，各种植物对于光照持续时间或昼夜长短的反应是不同的。昼夜交替影响着植物的开花、结实、休眠期等一系列生长发育过程，这种植物对自然光周期的要求或反应称为植物的光

周期现象。根据这种现象把植物分为长日照、短日照和日中照植物三种类型。以每天日照时间12~14小时为界限，要求日照时间长于这个界限的植物为长日照植物，要求短于这个界限的为短日照植物，对昼长反应不敏感的为日中性植物。

不同纬度与季节的光照时间不同，原产于不同纬度地区的植物与品种具有不同的感光性。感光性强是指光照时数稍有变化就对发育速度影响很大，感光性弱的则相反，所以在不同地区之间的引种工作中，应注意植物与地区之间光照的供求关系。对于短日照植物来说，若北种南引，宜选择原产地晚熟品种较易成功。若南种北引，则应选择原产地早熟品种或感光性较弱的品种为好。对于长日照植物来说，则刚好相反。另外，在具体引种时，除考虑光照时间长短外，还应注意热量条件的差异。

第二章　气象要素与农业生产

温度与农业生产

除了太阳辐射，还有什么对农业生产有重要的影响呢？对了，是温度。温度的高低也影响着植物生长。今天，我们就来看看温度对农业生产有着怎样的影响。

地面吸收太阳辐射能后，不仅引起自身增温，还会将热量传给下层土壤和低层大气，导致土壤温度和空气温度也发生相应的变化。

三基点温度

植物必须在适宜的温度条件下才能正常地生长发育，维持植物生命的温度称为生命温度，生命温度是有一定范围的。植物在生命存在的前提下才能进行生长活动，因而要保证其生长的温度（生长温度）是在生命温度范围内。同时，植物只有在生长量达到一定数量的基础上，才能进行发育，所以要保证植物发育的温度（发育温度）又是在生长温度范围之内。对大多数植物而言，植物发育阶段对温度的要求最为严格，能适应的温度范围最窄，一般在10～35℃；能够生长的温度范围比较宽，在5～40℃；而维持植物生命的温度（生命温度）范围则更宽，一般在-10～50℃，如图所示（见下页）。

植物生命活动的三基点温度例图

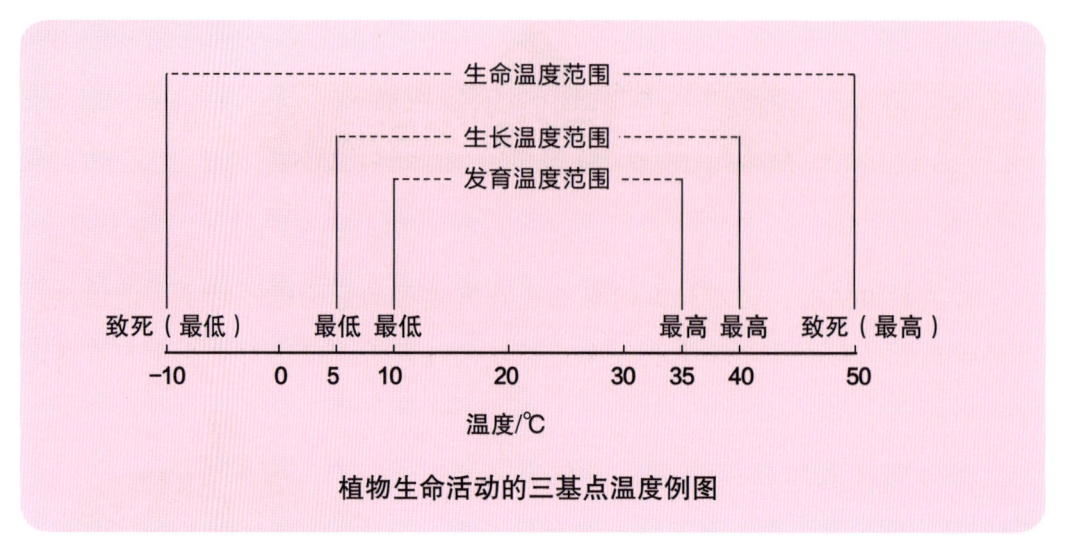

温度对于植物生命、生长和发育过程的影响，都有三个基本界限温度，即最适温度、最高温度和最低温度，简称三基点温度。三基点温度是最基本的温度指标。在最适温度范围内，植物生长发育迅速而良好。如果温度超过了植物发育的最低温度或最高温度，则植物发育停止，但仍能维持生长。如果温度超过了植物生长的最低温度或最高温度，则植物生长活动停止，但尚能维持生命。如果温度超过了植物生命温度的最低或最高温度，植物就会死亡，故这时的温度又称为致死温度。

农业界限温度

农业界限温度是指对农业生产具有普遍意义的，标志某些重要物候现象或农事活动的开始、终止或转折的温度。

第二章 气象要素与农业生产

在农业气象工作中，常用的界限温度有0℃、5℃、10℃、15℃、20℃等，它们的农业意义如下。

界限温度 0℃

0℃：土壤冻结或解冻，是田间耕作开始或停止的农业界限温度。常用日平均温度稳定大于0℃的持续时间表示一地农耕期的长短。

界限温度 5℃

5℃：多数树木开始生长，小麦积极生长及早春作物播种的农业界限温度。常用日平均温度稳定大于5℃的持续时间表示作物的生长期。

界限温度 10℃

10℃：大多数作物开始进入活跃生长的农业界限温度。常用日平均温度稳定大于10℃的持续时间表示作物的生长活跃期。

界限温度 15℃

15℃：喜温作物开始积极生长的农业界限温度。常用日平均温度稳定大于15℃的持续时间表示喜温作物的积极生长期。

界限温度 20℃

20℃：热带作物和大春作物积极生长的农业界限温度。

> 农业界限温度的出现日期、持续日数和持续期中积温（一段时间内逐日平均温度的总和）的多少，对一个地区的作物布局、耕作制度、品种搭配和季节安排等，都具有十分重要的指导意义。

花溪里的气象

水分与农业生产

植物生长的三要素是阳光、温度还有水分，但是农作物生长发育对水分的多少有一定的要求，我们一起去了解一下吧。

空气湿度

空气湿度能直接制约植物体内水分平衡

当空气湿度较低时，农田蒸散速率较大。这时，如果土壤水分不足，植物根系吸收的水分就难以补偿蒸腾的消耗，从而破坏植物体内的水分平衡，植物的正常生长就会受到阻碍。

相对湿度对作物的影响

当相对湿度较低时，土壤蒸发和作物蒸腾作用显著增强。此时，若长期无雨或缺乏灌溉，就会发生干旱，影响作物的生长发育和产量。例如在水稻开花期，如果日平均相对湿度小于60％就会影响开花授粉，结实率低，引起落花、落果现象。在灌浆期，如果空气过于干燥，就会影响灌浆，使籽粒不饱满，产量下降。但到了成熟期，空气干燥则可以使作物早熟，提高产品质量。收获期如果空气干燥，有利于收割、翻晒、贮藏和加工等。

当相对湿度较高大于等于90％时，由于空气过湿，作物茎叶嫩弱易倒伏。在开花期，如果空气湿度过大，对开花授粉也不利。

空气湿度与植物病虫害

病虫害的发生发展与空气湿度有密切关系。如水稻的稻瘟病、小麦的赤霉病、橡胶树的白粉病、稻麦的黏虫等，都是在空气相对湿度较大的情况下发生和产生的。空气湿度过大，对农业机械的使用也不利。不同作物或同作物不同的生育期，对空气湿度的要求是不同的。作物从出苗到成熟，有对空气湿度的要求是前低、中高、后低的规律。

例如在水稻开花期，通常以日平均相对湿度在70%~80%为宜，高于90%或低于60%都不利，高于95%或低于40%更有害。

降水与作物

降水是作物水分供应与土壤水分获取的主要来源，适时、适量的降水有利于作物的正常生长发育，促进高产稳产。降水对作物生长的影响因素，主要有降水量、降水时期和降水强度三个方面。

降水量对作物的影响

在无灌溉条件的旱作农田，降水是决定产量高低的主要因子之一，在一定范围内，降水量与产呈成正相关。

降水强度对作物的影响

降水强度与降水的有效性关系很大，当降水强度比较大时，往往造成土壤来不及吸收，使许多雨水流失，成为无效降水，而在一些地方形成渍涝；降水强度过小，连阴雨过多，雨日多，阳光不足导致作物倒伏与病害，光合产物不足而秕粒；一般中等强度的降水对作物最有利。

花溪里的气象

作物的水分临界期

作物产量不仅受其整个生长发育期降水量的影响，还受不同生长发育时期降水量分配的影响。因为作物不同生长发育期对水分的需要和敏感性不同，作物一生中对水分最敏感的时期，也就是由于水分过多或过少对作物产量影响最大的时期，称为作物水分临界期。不同作物的水分临界期不同。

作物需水的一般规律

在作物的生长周期中，从种子发芽、出苗到茎叶旺盛生长、开花结实，会经过一系列的生理需水和生态需水过程，消耗掉大量水分。所谓生理需水，就是经过作物根系吸收、体内运转、叶面蒸腾所需要的水分量；生态需水包括生物生产、消费、蒸腾需水，因未参与作物的生理活动，所以只是作为作物需水的生态条件而已。灌溉量是根据单位面积土地上作物蒸腾量、株间蒸发量和田间渗透量来计算的。

不同类型的作物，或同作物不同品种，或同品种的不同生育期，需水状况不同。生育期长、叶面积大、生长快、根系发达的作物需水多；蒸腾作用强的作物需水多；植株高大、分蘖能力强的作物需水多；植物体内蛋白质、脂肪含量多的作物需水多。在作物生育过程中，苗期因叶面积小、根系少、生长量和生长势弱的作物需水少；中期生长发育旺盛、叶面积大、根系活动能力强的作物需水多；后期因生命活力渐弱，则需水量少。

第二章　气象要素与农业生产

风与农业生产

风在农业生产中占有举足轻重的位置，我们知道部分植物要依靠风才能完成种子的传播，比如蒲公英。那么风除了能传播种子，在农业生产中还有什么作用？风在农业生产中都是有利的影响吗？我们从之前学习过的气象知识中知道，风存在着等级，如果遇到大风、飓风等，又会给农业生产带来怎样的影响呢？

输送热量和水汽

风能输送热量，在秋、冬季节，当地面强烈辐射冷却时，风可以将局地的冷空气带走，使作物免遭低温霜冻的危害。高温季节，风可以加强乱流交换，促进作物叶面蒸腾，降低叶温，避免日灼现象。

风还能输送水汽，如夏季从海洋吹来的风，带来大量的水汽，成为我国降水的主要水汽来源，为发展农业生产提供了有利条件。

调节农田二氧化碳浓度

风能调节田间二氧化碳浓度，影响光合作用的进行。

花溪里的气象

改善植物的生活环境

通过微风作用，产生较弱的湍流交换，可使田间温、湿度得到调节，为植物生长创造良好的环境，有利于植物的生长发育。

传播花粉和种子

风能帮助异花授粉作物进行授粉，从而增加结实率，提高产量。在植物开花时，风能帮助一些植物散播芬芳气味，诱引昆虫传授花粉。

风还能传播种子，如松树、云杉、杨树、柳树等都常靠风力把种子传到远处，不断扩大生长繁殖的区域。

作为能量资源

风具有很大的动能，是一种不可忽视的能源，在农业生产上可以用来推动风车发电、排灌和粮食加工等。

风对农业也有不利的一面，如传播病原体和害虫，使作物倒伏、吹落果实等。但是，风对农业生产的益处远远大于其不利的一面。因此，我们必须充分利用风的有利方面，使风资源更好地为农业服务。

同学们，通过学习，我们知道了气象对农业生产的重要性，原来农业生产需要这么多气象要素的参与和帮助才能完成，就如同朝气蓬勃的你们，需要知识的灌溉、鼓励的话语，培养克服困难的勇气，不断进步，不断成长。期待未来的你们历经风雨，茁壮成长！

第三章
基本农业气象观测

农业气象要素的观测

同学们，农业气象要素的观测是农业气象工作的重要组成部分，是进行农业气象研究、开展农业气象服务的基础，是研究农业生产与农业气象条件相互关系的基本方法和主要手段。下面，我们来了解一下常见的观测项目及仪器。

日照时数的观测

日照时数观测仪器的构造原理

测定日照时数一般使用暗筒式日照计。

暗筒式日照计基本参数：

日照记录时间：5：00～19：00；
纬度使用范围：0°～60°；
记录时间误差：±3分钟；
外形尺寸：175毫米×175毫米×130毫米；
重量：0.8千克。

暗筒式日照计

暗筒式日照计由金属圆筒、隔光板、纬度盘和支架底座四部分组成。其原理是利用光通过仪器上的小孔射入筒内，使涂有感光药剂的日照纸上留下感光迹线，通过计算迹线的长度来确定一日的日照时数。

日照时数的观测方法

日照纸的涂药

　　日照纸在使用前需要在暗室内涂刷感光药剂，这种药剂是由感光剂和显影剂组成的，两者均需放在暗处密封妥善保管。

　　将配好的两种药液在暗处等量混合。涂药前，先用脱脂棉将日照纸表面擦净，然后另用脱脂棉蘸药液均匀地涂在日照纸上。涂药的日照纸放在暗处阴干后备用，严防感光。涂药后的用具要洗净，用过的脱脂棉不能再次使用。

日照纸的更换

　　每天日落后换纸，即使全天阴雨无日照记录，也应照常换下，以备日后查考。

　　换纸时先打开筒盖，取下压纸夹，拿出日照纸。上纸时，将填好次日日期的日照纸药面朝里卷成筒状，插入圆筒内，使日照纸上10时线对准筒口白线，14时线对准筒底的白线，纸上的两个圆孔对准两个进光孔，压纸夹交叉又向上将纸压紧，盖好筒盖。

记录整理并计算日照时数

　　换下的日照纸要根据感光迹线的长短在迹线下方用铅笔描画一直线，然后把日照纸放入清水中浸漂3～5分钟后取出。全天无光照的日照纸也应浸漂。待阴干后，比较感光迹线与铅笔线的长度，若感光线长度长于铅笔线，则应补描这一段铅笔线。最后按铅笔线的长度计算全天日照时数。

日照时数的计算

　　全天日照时数是将各小时的日照时数逐一相加而成。日照纸上每一大格为1小时，每一小格为0.1小时，计算时以h（小时）为单位，取一位小数。如某时60分钟都有日照则记为1.0；若全天无光照，记为0.0。

花溪里的气象

温度的观测

测温仪器的构造原理

在温度测定中，最常用的是以水银或者酒精作为测温物质的液体温度计，以及用双金属片作为测温物质的温度计，它们都是利用测温物质的热胀冷缩的特性而制成的。

普通液体温度计

一般采用水银作为测温液，水银柱随温度升高而上升，普通温度计测量温度可精确到0.1℃。可以用来测量空气或土壤温度。

最高温度计

最高温度计的构造与普通液体温度计基本相同，但在接近球部附近的内管里嵌有一根玻璃针，形成一段狭管。由于其独特的结构特点，温度计的最高示度会被保留下来。

最低温度计

最低温度计中的感应液是酒精，它的毛细管内有一哑铃形游标。由于其独特的结构特点，它能指示上次调整以来这段时间内的最低温度。观测最低温度计时，眼睛应平直地对准游标离感应部分远的一端；观测酒精柱时，对准凹面中点（即最低点）的位置。

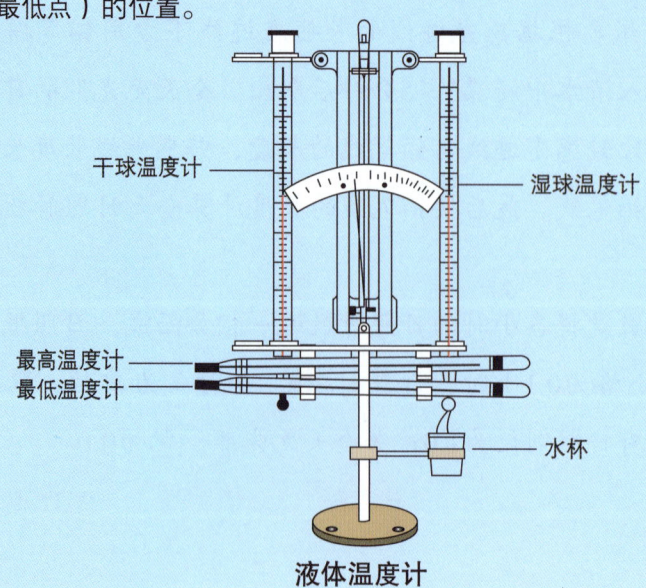

液体温度计

温度计的观测和记录的方法

读数要求精确到0.1℃，温度在0℃以下时，数值前加"－"号。

读数要迅速准确。先读小数后读整数，尽量缩短观测时间。读数完成后一次后要复读一次，以免产生误读。

除最低温度计外，各种温度计在观测时必须保持视线和水银柱顶端齐平，以免因视差而使读数偏高或偏低。观测最低温度时视线要平直对准游标，远离球部的一端。

空气湿度的观测

毛发湿度计的构造原理

毛发湿度计是利用脱脂人发作为其感应部分。当空气中相对湿度增大时，毛发伸长，小锤因重力作用下降，拉紧毛发并使指针向右移动；湿度减小时，毛发缩短，使小锤与弧钩上抬指针向左移动。

毛发湿度计的观测方法

观测时要使视线垂直于刻度盘，并对准指针的尖端。读数时取整数值，小数四舍五入。

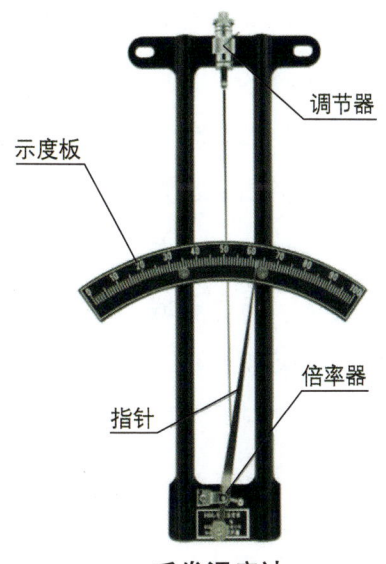

毛发湿度计

花溪里的气象

土壤湿度的观测

土壤湿度观测是气象为农服务工作之一，对土壤湿度连续观测是监测农田旱、涝情况的重要依据，土壤水分的存在，影响着土壤养分、微生物活动等不同要素，若土壤湿度状况良好，则有利于提高其生产力。

土壤湿度观测表

干旱程度	土色	土壤水分
偏湿	暗黑	湿，土壤湿度大于20%
适宜	褐色	潮湿，土壤湿度15%～20%
轻旱	黄色	湿润，土壤湿度12%～15%
中旱	浅灰	黄半干，土壤湿度8%左右
重旱	灰白	干，土壤湿度小于5%

土壤湿度的测定方法

使用取土钻采集土壤并用铝盒保存，防止水分蒸发，及时称取铝盒与湿土重量，在105℃高温烘干后，再称取铝盒与干土重量，两者相减得土壤含水量。

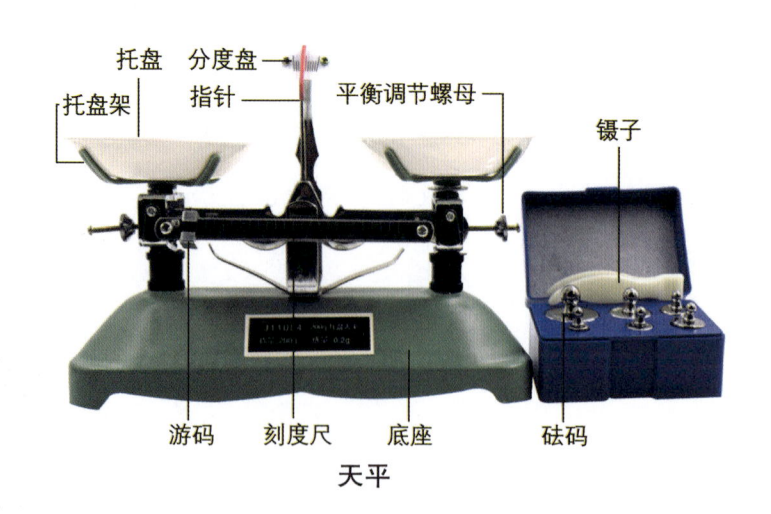

$$土壤湿度 = \frac{（铝盒+湿土重量）-（铝盒+干土重量）}{干土重量} \times 100\%$$

降水的观测

雨量器的构造

雨量筒口直径为20厘米，由承水器、漏斗、收集雨水的储水瓶和储水筒组成，并配有专用的雨量杯。

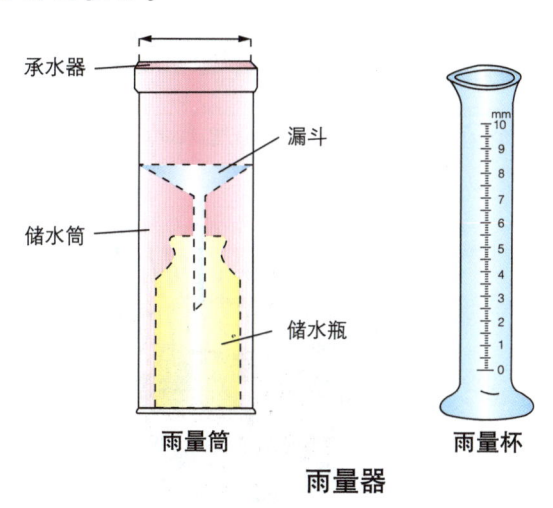

雨量器

降水量的测定方法

测定降水量时，先取出雨量筒内的储水瓶，装上事先准备好的空储水瓶，并将存有降水的储水瓶带回屋内，用雨量杯量取降水。

读数时，雨量杯必须保持水平，视线要同量杯内的水面齐平，读取水面凹下去的最低点刻度线。读数要精确到小数点后一位。有时降水量很小，不到0.05毫米，应记作0.0毫米，表示有降水、但数量极微。如降水量不到0.1毫米、但大于0.05毫米，就记作0.1毫米。

如果降水量大，一次量不完，可以分多次量，每次计量后要记录，并累计得出总降水量。如遇雪、雹等固态降水时，应把漏斗换上承雪口，让固态降水直接落入雨量筒内（取回储水瓶时，应加上盖子，以防蒸发），放在温暖的地方或加入定量的温水（不能用开水，也不能加得太多），待雪、雹等融化后，用量杯进行测量，再将量得的结果减去加入的温水量便是所测得的固态降水量。

降水量观测一般一天2次。学校气象站可根据实际情况安排观测时间，如7时和17时。遇到特大阵雨时，在雨过之后就应立即测量，及时了解这次降水的强度。

蒸发的观测

小型蒸发皿的构造

小型蒸发皿由一个直径20厘米、高10厘米的金属圆盆和一铁丝罩组成。

蒸发皿

蒸发皿的测定方法

每天20时进行观测，测量前一天20时注入的20毫米高的清水（即当日原量）经24小时蒸发剩余的水量，蒸发量计算公式如下。

蒸发量＝原量＋降水量－余量

气象要素的观测实训

实训一：日照时数的测定

一、实训目的

了解日照计的构造原理，学会日照时数的观测方法。

二、实训器材

日照计。

三、实训内容

1. 日照纸的更换。

2. 整理日照纸的感光迹象。

3. 计算日照时数。

日期：_____　　　日照时数：_____

观测人：_____　　　核对人：_____

实训二：温度的测定

一、实训目的

了解常用温度计的构造原理，掌握气温的观测方法及记录、整理方法。

二、实训器材

普通温度计、最高温度计、最低温度计。

三、实训内容

1. 在一天中的上课前、课间、放学时，分别观测并记录一次普通温度计的数据，并绘制空气温度随时间的变化曲线，观察变化规律。

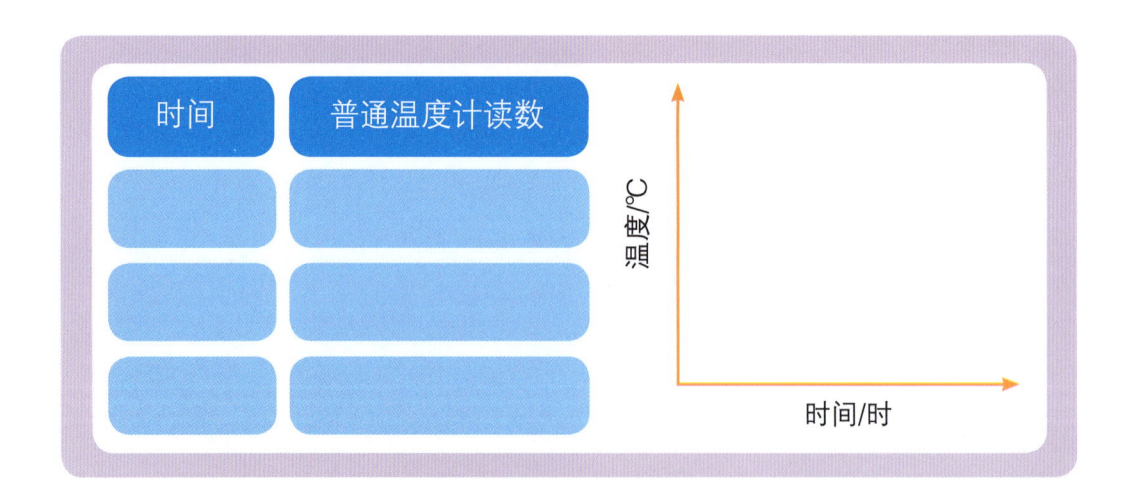

时间	普通温度计读数

2. 读取最高温度计、最低温度计的数值。

最高温度：_____　　最低温度：_____

观测人：_____　　日期：_____

常见粮食作物生长的观测

农业气象观测站的日常工作是提供气象和生物的数据信息，它能够协助专业人员去研究相关问题。通常，研究生物学和物候学的观测程序与观测站的局部气候状况是相关联的。对粮食作物的日常观测包括作物发育期的观测和植株生长高度的观测。

发育期一般两天观测一次。选择观测区域，然后在观测区域的内部选择4个比较有代表性的点，把这些点进行标记，并且按顺序编上序号，这样后续对于发育期各阶段的观测就在这4个标记的观测点上进行。

在观测时，需要在每个标记的观测点处选取一定数量的植株进行观测，例如，冬小麦观测时在每个观测点连续取25株（茎）进行观测，夏玉米在每个观测点连续选取10株进行观测。

观测区域内的农作物群体是否进入发育期，是以进入发育期的株（茎）数占观测总株（茎）数的百分比决定的。进入发育期的株数占观测总株数的10%及以上，即为发育始期；进入发育期的株数占观测总株数的50%及以上，即为发育普遍期；进入发育期的株数占观测总株数的80%及以上，即为发育末期。

花溪里的气象

粮食作物发育期特点及生长高度的观测

花 生

花生的发育期主要包括播种期、出苗期、幼苗期、开花下针期、结荚期、饱果成熟期。

植株高度的测量方法：在发育期观测点附近，选择植株生长高度具有代表性的植株进行测量，从土壤表面量至所测植株叶子伸直后的最高叶尖即可。

播种期：记录花生播种的日期。

（我的播种日期：　　　年　　　月　　　日）

> **小贴士**
>
> 将花生种子放在30℃的温水中浸泡6～8小时，取出后沥干水分，放在温度为25～30℃的温室中，用湿毛巾覆盖，每天冲洗一次，直至种子发芽后再播种，能提高出苗率哦！

出苗期：种子在适宜的温度、水分和氧气条件下萌发出苗，即胚根伸长成主根入土生长，同时发生侧根，胚芽出土发育形成2片复叶并展开，花芽分化。至出苗时，主根长20厘米左右，侧根30条左右，主茎有复叶2片。

> **小贴士**
>
> 发芽出苗期从花生播种到50%的幼苗出土，并展开第一片真叶，为发芽出苗期。发芽出苗期需要5～15天，具体出苗时间跟气温有关，春播花生出苗期长，可能需要8～15天，夏播花生出苗期则短很多，一般5～10天即可出苗。

测量日期					
植株高度/厘米					

第三章 基本农业气象观测

幼苗期：以营养生长为主，即主根、侧根、复叶不断生长发育，长分枝，根瘤形成和发育，同时花芽大量分化。至始花时，主根长30～40厘米，侧根60条左右，主茎高10厘米以上，五叶时可见根瘤。

小贴士

幼苗期一般在20～35天，具体时间因品种和种植季节差异比较大，春播幼苗期一般在25～35天，夏播幼苗期在20～25天，一些夏播早熟品种甚至只需要20天。

幼苗期（二叶） 幼苗期（三叶） 幼苗期（四叶） 幼苗期（五叶） 幼苗期（六叶）

测量日期					
植株高度/厘米					

开花下针期：除营养体迅速生长外，植株大量开花、下针，相当多的果针入土发育成为幼果。这个时期花生的营养积累显著加快，叶片数迅速增加，叶片面积迅速增大。

植株大量开花　植株大量下针

小贴士

开花下针期在15～35天，根据种植季节和品种，差异很大，春播花生下针期在25～35天，夏播的则在15～20天，在花生开花期要细心地进行养护。

测量日期					
植株高度/厘米					

33

花溪里的气象

结荚期： 这一时期大批果针入土发育成荚果，营养生长亦达到最盛期，是生殖生长与营养生长并行时期。所形成的荚果数占最后总的数量的70%~80%，有的甚至达90%以上，果实亦开始显著增长，叶面积达到整个生长期最高值。

结荚初期　　结荚末期

小贴士

结荚期一般在20~40天，春播在30~40天，夏播在20~30天。这一时期生长特点是，大批果针入土形成幼果或秕果，营养生长到达最密期，水肥消耗量、耗水量到达最盛，要保证水分充足，防止死苗和害虫，根外施肥防止早衰促进荚果发育。

测量日期					
植株高度/厘米					

饱果成熟期： 这一时期营养生长逐渐衰退、停止，生殖器官大量增重，是花生生殖生长为主的时期。株高和新叶增长接近停止，绿叶面积迅速减少，茎叶中的营养物质向荚果转运，荚果迅速增重，并逐渐充实饱满，脂肪、蛋白质含量最终达到高峰。

饱果初期　　饱果末期

小贴士

春播花生饱果期在40~50天，夏播则在30~40天。这一时期生长特点是，营养生长日渐衰退。这一时期可以进行根外施肥以延长叶片功能期，从而提高饱果率。应当注意适时采收，防止果实发芽。

测量日期					
植株高度/厘米					

第三章　基本农业气象观测

冬小麦

冬小麦的发育期主要包括播种期、出苗期、分蘖期、越冬期、返青期、起身期、拔节期、孕穗期、抽穗期、开花期、乳熟期、成熟期。

植株高度的测量方法：当作物进入发育期的各个阶段后要及时进行观测，在发育期观测点附近，选择植株生长高度具有代表性的地方进行，测点须距田地边缘1米以上。在每测点连续测定10株，4个测点共40株。拔节期及其以前，从土壤表面量至所测植株叶子伸直后的最高叶尖；拔节期以后，量至最上部一片展开叶子的基部叶枕，抽穗后量至穗顶（不包括芒长）。

播种期： 记录冬小麦播种的日期。

（我的播种日期：　　年　　月　　日）

> **小贴士**
>
> 播种时日平均气温应该稳定在16~18℃，土壤相对湿度65%~75%为宜，时间一般为9月底至10月上旬。

出苗期： 从芽鞘中露出第一片绿色的小叶，长约2厘米，条播竖看成行。

> **小贴士**
>
> 全田有50%的种子长出真叶、胚芽鞘露出地面2厘米时即为出苗期，出苗期的适宜温度为15~20℃，发芽温度不得低于2℃，不得超过35℃，适宜土壤相对湿度为65%~75%。时间一般为10月上中旬左右。

出苗期

35

花溪里的气象

测量日期						
植株高度/厘米						

分蘖期：叶鞘中露出第一分蘖的叶尖约0.5~1.0厘米。

> **小贴士**
>
> 分蘖适宜温度为13~18℃，最低不得低于4℃，最高不宜超过18℃，适宜土壤相对湿度为60%~80%。适宜的天气情况可以让小麦很快就进入分蘖期，每棵麦苗可分蘖3~5株小麦，这时可适时对小麦进行冬前的化学除草，时间一般为10月中下旬到12月上旬。

三叶（第一次分蘖）　　四叶　　五叶　　　　　　　　拔节

测量日期						
植株高度/厘米						

越冬期：小麦在分蘖生长后，进入冬季，天气转冷，气温下降到日平均2℃时，小麦停止生长，这一时期称为越冬期。

越冬期

> **小贴士**
>
> 越冬期分蘖不再增加或增长缓慢（以第一次5日平均气温降到0℃的最后一天为准。越冬期时间一般为12月中旬至次年2月下旬，长达3个月。

测量日期						
植株高度/厘米						

第三章 基本农业气象观测

返青期： 早春时，麦田半数以上的麦苗心叶（春生一叶）长出部分达到1~2厘米时，称为返青。从返青开始到起身之前，历时约1个月，属于苗期阶段的最后一个时期。

返青期

小贴士

一般小麦返青时间在2月上旬到3月上中旬，会经过20~30天的时间，偏南的地区时间短，偏北的地区时间长。在此期间，为了更好的促进麦苗的发展，要适当锄划松土、施肥、浇水和除草，改善土壤的通气情况，存进根系发展增加亩穗数。

测量日期						
植株高度/厘米						

起身期： 麦苗返青以后开始生长，由原来的匍匐生长开始向上生长，基部第一节间稍微伸长，这是小麦的起身期，注意从这时开始不能再碾压小麦了。

起身期

小贴士

起身期小麦植株由匍匐生长式转入直立生长，叶片开始收拢呈倾斜状。判断小麦是否在起身期，一是看叶片——春天长出的第二片叶露尖；二是看茎——拔一株麦苗，剥开主茎，仔细看其基部节间，如果开始伸长0.5厘米，就说明小麦开始起身，从起身到拔节前这一段时间叫作起身期，大多地区时间在3月中旬左右，为期10~15天。

测量日期						
植株高度/厘米						

花溪里的气象

拔节期：茎基部节间伸长，露出地面约1.5～2.0厘米时为拔节期。

> **小贴士**
>
> 拔节期用手指捏小麦的基部易碎并发出声响，同时拔节期是小麦营养生长和生殖生长并进的时期，初期为营养生长，后期为生殖生长。这时要注意小麦纹枯病的防治，也可适当施用拔节肥，一般在主茎到三叶期，植株基部第二节间显著伸长时施肥，拔节期一般在4月初。

拔节期

测量日期						
植株高度/厘米						

孕穗期：有的地方称为"挑旗"，旗叶正式从叶鞘中抽出，包裹着幼穗的部位明显膨大。

> **小贴士**
>
> 田间一半以上的麦穗出现此类现象时，称为孕穗期，时间一般为4月中旬。

孕穗期

测量日期						
植株高度/厘米						

抽穗期：从旗叶叶鞘中露出穗的顶端，有的穗于叶鞘侧弯曲处露出。

> **小贴士**
>
> 小麦抽穗期因品种、播期、气象条件而异。主茎早于分蘖，春性品种早于冬性品种；播期早时抽穗提早；高温干旱时抽穗也提早。长江中下游地区小麦抽穗正常年份在4月上旬。华北地区小麦抽穗扬花期时间一般是每年的4—5月，抽穗时间大约40天左右。

抽穗期

第三章 基本农业气象观测

测量日期							
植株高度/厘米							

开花期：在穗子中部小穗花朵颖壳张开，露出花药，散出花粉。

> **小贴士**
>
> 冬小麦一般5月上旬至中旬开花。小麦抽穗后如果气温正常，经过3～5天就能开花；晚抽的麦穗遇到高温时，常常在抽穗后1～2天，甚至抽穗当天就能开花；抽穗后如遇到低温，则需经过7～8天甚至十几天方能开花。

开花期

测量日期							
植株高度/厘米							

乳熟期：穗子中部籽粒达到正常大小，呈黄绿色，内含物充满乳状浆液。

> **小贴士**
>
> 乳熟期的冬小麦最易滋生蚜虫，适时浇水，促进冬小麦乳熟，做好病虫害防治工作。

乳熟期

测量日期							
植株高度/厘米							

成熟期：80%以上籽粒变黄，颖壳和茎秆变黄，仅上部第一、第二节仍呈微绿色。

> **小贴士**
>
> 这个时期根据天气情况判断小麦具体的收割时间。河南一般为5月底至6月中旬。

成熟期

39

花溪里的气象

测量日期						
植株高度/厘米						

红 薯

红薯的发育期主要包括育苗期、发根缓苗期、分枝结薯期、薯蔓同长期、薯块盛长期。

植株高（长）度的测量方法：在发育期观测点附近，选择植株生长高（长）度具有代表性的植株进行测量，从土壤表面量至所测植株叶子伸直后的最高（长）叶尖即可。

育苗期：记录红薯育苗的日期。

（我的下苗日期：　　　年　　月　　日）

小贴士

红薯块茎埋在土里，在合适的温度、水分和氧气条件下萌发出苗。薯苗长度大约40厘米。此过程一般在大棚中完成。

发根缓苗期：从薯苗栽插到入土各节发根成活，薯苗开始长出新叶，幼苗能够独立生长，大部分秧苗从叶腋处长出腋芽的阶段。

发根缓苗期

小贴士

一般春薯这一阶段约需30天，因气温较高，根系形成快，幼苗生长也快，这一时期约需15~20天。此时藤蔓长度大约70厘米。在测量植株时，由于红薯已水平生长，此时需要测量植株的长度。

测量日期						
植株高(长)度/厘米						

分枝结薯期：这个时期根系继续发展，腋芽和主蔓延长，叶数显著增多。主蔓生长最快，茎叶开始覆盖地面封垄。此时，地下部分的不定根已分化形成小薯块，在结薯后期薯数已基本稳定，不再增多。

分枝结薯期

> **小贴士**
>
> 本时期春薯要35～70天，夏薯需要25～35天。这一时期需要注意，因藤蔓生长旺盛，生成大量次生根。次生根会吸收养分和水分，抑制薯块的生长。需要2～3次翻秧操作。

测量日期						
植株高(长)度/厘米						

薯蔓同长期：指茎叶覆盖地面开始到生长最高峰。这一时期茎叶迅速生长，生长量约占整个生长期总量的60%～70%。随茎叶的增长，光合产物不断地输送到块根使其明显肥大增重，红薯总重量的30%～50%是在这个阶段形成的。茎叶增长加快，使叶面积的增加达到了最高峰。同时新老叶片交替更新，新长出来的叶数与黄化叶数到本阶段末期达到基本平衡。

> **小贴士**
>
> 这一时期所需的时间，春薯在栽插后65～100天，夏薯在40～70天。因叶片生长会抑制薯块生长，可适当修剪藤蔓。

薯蔓同长期

测量日期						
植株高(长)度/厘米						

薯块盛长期：这个时期茎叶生长由盛转衰直到收获期，以薯块肥大为中心。茎叶开始停长，叶色由浓转淡，下部叶片枯黄脱落。地上部同化物质加快向薯块输送，薯块肥大增重速度加快，增重量相当于总薯重的40%～50%，高的可达70%。薯块里干物质的积蓄量明显增多，品质显著提高。

小贴士

后期为了促进红薯块根的生长，可适当追加钾肥，如草木灰等。

薯块盛长期 　　成熟的红薯

测量日期							
植株高(长)度/厘米							

玉 米

玉米的发育期主要包括播种期、出苗期、三叶期、七叶期、拔节期、抽雄期、开花期、吐丝期、乳熟期、成熟期。

拔节期的株高：量地面到所有叶片自然伸展时的最高处。植株高度的测量方法：当玉米雄穗开花后，花药有少量干枯时，玉米就不再长高；从天穗顶端第一花药向下量一直到地平面即为成株株高。在玉米抽雄后1周后至灌浆期，选取10株典型植株，测量从玉米基部（贴近地面）到雄穗最高处的距离，平均后即为该品种的株高。（株高是指植株根茎部到顶部之间的距离，其中顶部是指主茎顶部；是植物形态学调查工作中最基本的指标之一，其定义为从植株基部至主茎顶部即主茎生长点之间的距离。）

播种期：记录玉米播种的日期。

（我的播种日期：　　　年　　月　　日）

第三章 基本农业气象观测

出苗期：从芽鞘中露出第一片叶，长约3厘米。

> **小贴士**
>
> 玉米种子发芽最适宜10～12℃，发芽最快温度25～30℃。土壤温度10℃以上，土壤湿度在18%时，玉米种子便可以发芽了。玉米种子发芽温度最低8～10℃，最适宜25～30℃。时间为6月中下旬。

出苗期

测量日期						
植株高度/厘米						

三叶期：从第二叶的叶鞘中露出第三叶，长约2厘米。

> **小贴士**
>
> 玉米三叶期在七月上旬，是玉米的第一个转折点，它将从自养转向异养，这个阶段主要是根、叶和茎的分花，这期间耐旱怕涝，涝会导致死苗，轻度干旱反倒利于根系发育。

三叶期

测量日期						
植株高度/厘米						

七叶期：从第六叶叶鞘中露出第七叶，长约2厘米。

> **小贴士**
>
> 玉米七叶期在七月中旬，一般高0.5～1米，是决定玉米产量高低的关键时期，此时玉米的顶端生长已经完成，开始转向玉米穗的发育，进入玉米的生殖生长期，这一时期要加强水肥管理，玉米才能获得足够营养，才能鼓足劲儿进行生殖生长。

七叶期

花溪里的气象

测量日期						
植株高度/厘米						

拔节期：玉米茎基部节间由扁平变圆，近地面用手可摸到圆而硬的茎节，节间长度约为3厘米。

小贴士

玉米从7月下旬开始拔节，至8月上旬全部进入拔节期。此时玉米植株生长到第7片叶、株高60厘米左右。玉米开始拔节以后，生长进入旺盛阶段，需水量高。拔节期最适温度15～27℃。

拔节期

测量日期						
植株高度/厘米						

抽雄期：指玉米抽穗期中雄穗的抽出。雄穗的顶部小穗，从叶鞘中露出。这个时期叫玉米抽雄期，从时间计算上，为从玉米播种到雄穗抽出3～5厘米的天数。

小贴士

8月中下旬是玉米抽雄期，标志着玉米由营养生长转向生殖生长。也就是营养生长和生殖生长旺盛的并进阶段，这是决定玉米产量最关键时期，也是玉米一生中生长发育最快，对养分、水分、温度、光照要求最多的时期。因此是灌溉、穗肥追肥的关键时期。

抽雄期

测量日期						
植株高度/厘米						

第三章 基本农业气象观测

开花期：雄穗中上部花药露出，散出花粉。

小贴士

开花期最适温度为25~26℃，灌浆期最适温度为20~24℃。玉米雄花在雄穗抽出后2~5天开始开花。开花顺序为从主轴上中部小花开始，然后向上向下同时进行。分枝的小花开放顺序与主轴相同。开花后2~5天为盛花期，这时开花朵数占总花朵的80%~90%。全穗开花完毕一般需7~9天。每穗有小花1600~4000朵，每朵小花有3个花药，每个花药有2500粒花粉。每穗花粉量为1.63~5.83克。花粉初为淡黄色，丧失活力后变为深黄色。

开花期

测量日期						
植株高度/厘米						

吐丝期：植株雌穗苞叶中露出花丝。

小贴士

这个时期是玉米对高温最敏感的时期，应注意浇水灌溉。同时，吐丝期是决定粒数的关键时期，进入粒期以后是决定粒重的重要时期，也是形成籽粒产量的重要生长时期，这一时期对玉米产量起着决定性作用，同时也是病虫害多发期。为争取高产，必须加强田间管理。

吐丝期

测量日期						
植株高度/厘米						

花溪里的气象

乳熟期：雌穗的花丝变成暗棕色或褐色，外层苞叶颜色变浅仍呈绿色，籽粒形状已达到正常大小，果穗中下部的籽粒充满较浓的白色乳汁。

小贴士

乳熟期病害主要防治：穗部病害，如丝黑穗病、瘤黑穗病等；茎叶病害，如大、小斑病等。乳熟期主要虫害有玉米螟、金龟子等。同时，需要养分和水分充足，水肥管理要跟上。

乳熟期

测量日期						
植株高度/厘米						

成熟期：80%以上植株外层苞叶变黄，花丝干枯，籽粒硬化呈现该品种固有的颜色，不易被指甲切开。

小贴士

判断玉米是否成熟的标志主要有三点：果穗苞叶变黄而松散；籽粒脱水变硬乳线消失；籽粒基部出现黑帽层。

成熟期

测量日期						
植株高度/厘米						

常见蔬菜作物生长的观测

蔬菜气象观测是农业气象的重要组成部分，是蔬菜气象服务和科研工作的基础。通过蔬菜生育状况的观测，以鉴定气象条件与蔬菜生长发育的关系，分析气象条件在产量形成中的作用，为发展蔬菜生产提供农业气象情报、预报和决策依据。确定合理的栽培、管理措施，以充分利用光、热、水等气候资源，达到趋利避害、高产稳产高效益的目的。日常观测包括发育期的观测和生长高度的测量。

蔬菜发育期特点及生长高度的观测

观测时间

根据不同蔬菜发育期出现的规律，一般隔日观测，但旬末必须巡视观测。

观测时间一般定为下午。对于在上午或中午开花的蔬菜，开花期的观测则应在开花时进行。

在规定观测时间内，如遇妨碍进行田间观测的天气或灌溉等原因，使当天观测不能进行时，过后应立即进行补测，并注明原因。如正值发育普遍期，应尽量设法观测。

观测植株的选择

根据不同蔬菜品种所处的不同发育阶段，以及不同栽培方式确定选择观测植株的方式，密、稀植的标准难以确定和统一时，暂以小于30厘米的株行距为密植，大于30厘米的株行距为稀植。

> 撒播栽培的蔬菜，每个观测点选定1平方米，然后在其中每次连取25株（茎），共100株，来观测进入发育期的株（茎）数。

花溪里的气象

条播、成行移栽为密植的蔬菜，每个观测测点选1~3米行长，2~3行，在其内每次连取25株，共100株，不定株观测进入发育期的株数。

条播、成行移栽为稀植的蔬菜，每个观测点连续固定10株，共40株，定株观测进入发育期的株数。

点播、穴栽培育的蔬菜，每个观测点连续固定10穴，共40穴，每次观测统计总株数和进入发育期的株数。

萝 卜

萝卜的发育期分为营养生长期和生殖生长期。

营养生长期包括观测播种期、发芽期、幼苗期、叶片生长期、肉质根生长盛期、休眠期。生殖生长期包括返青期、抽苔期、开花期、结实期。

植株高度的测量方法：在发育期观测点附近，选择植株生长高度具有代表性的植株进行测量，从土壤表面量至所测植株叶子伸直后的最高叶尖即可。

营养生长期

播种期：记录萝卜播种的日期。

（我的播种日期：　　年　　月　　日）

发芽期：由种子萌动到第一片真叶显露为发芽期，温度20~25℃的情况下，发芽需5~6天。

小贴士

该期的生长主要依靠种子内贮藏的养分和外界的温度、水分、空气等条件进行种子萌发和子叶出土。因此，种子的质量、贮藏年限等对苗期生长有很大的影响。栽培中应注意防旱，保证全苗。

发芽期

第三章 基本农业气象观测

测量日期						
植株高度/厘米						

幼苗期：从第1片真叶展开到第7~9片真叶展开为幼苗期，温度15~20℃的情况下，约需15~20天。幼苗期地上部分叶片分化加速，叶面积增大。幼苗具有5~6片真叶时，由于肉质根不断生长，其初生的皮层和表皮不能相应地生长和膨大，从下胚轴部位破裂，称为"破肚"。萝卜幼苗期破肚历时5~7天，破肚结束，即幼苗期终。

幼苗期

小贴士

"破肚"是先由下胚轴的皮层在近地面处开裂，称"小破肚"，此后皮层继续向上开裂，数日后皮层完全裂开，称"大破肚"。"破肚"现象为肉质根开始膨大的象征，栽培上常作为间（定）苗及施肥的标志。

测量日期						
植株高度/厘米						

叶片生长期：萝卜在"大破肚"之后，随着叶的增长，肉质根也不断增大，肉质根由幼苗期的细长形状逐渐加粗，显示出品种特征，约经20~30天，根肩渐粗于顶部，称为"露肩"。此期叶数不断增加，叶面积迅速扩大，根系吸收能力加强，生长量加大，肉质根延长，地上部生长量仍超过地下部的生长量。

叶片生长期

小贴士

叶生长期是吸收和同化器官形成的主要时期，而吸收和同化又是肉质根形成的基础。因此，这一时间管理的好坏直接影响到产量。

花溪里的气象

测量日期							
植株高度/厘米							

肉质根生长盛期：从"露肩"到收获，是肉质根生长最迅速的时期，小型品种需15～20天，大、中型品种需50～60天。此期叶片的生长逐渐减慢而达到稳定状态。大量的营养物质被输送到肉质根内贮藏，肉质根迅速膨大，其生长速度超过地上部分。

小贴士

为了满足肉质根迅速长大的需要，此期应供应充足的肥水，否则不仅产量低，而且须根多，肉质粗糙，辣味增加并糠心。

测量日期							
植株高度/厘米							

休眠期：肉质根形成后，因气候转冷或其他原因被迫进入休眠。

生殖生长期

返青期：从种株定植到开始抽薹，一般需要15～20天。

抽薹期：从开始抽薹到开花前，一般需要10～15天。

开花期：从开始开花到植株基本谢花，一般需要20～25天。

结荚期：从终花期到果荚生长、种子成熟，一般需要25～30天。

小贴士

秋季的萝卜进入肉质根生长盛期后，两年生的品种在北方寒冷地区要经过冬季的一段低温休眠期，次年春季在长日照条件下通过光照，植株通过阶段发育后抽薹、开花、结籽，完成其生殖生长期。而在南方温暖地区，在冬初收获后即可将种株栽于田间越冬，到春暖后即可开花结籽。

生殖生长期

第三章　基本农业气象观测

测量日期						
植株高度/厘米						

大　蒜

大蒜的发育期主要包括播种期、萌芽期、幼苗期、花芽与鳞芽分化期、花茎伸长期、鳞茎膨大期以及休眠期。

植株高度的测量方法：在发育期观测点附近，选择植株生长高度具有代表性的植株进行测量，测量从萌芽到休眠时期叶片的高度。

播种期：记录大蒜的播种日期。

（我的播种日期：　　　年　　月　　日）

萌芽期：指播种萌芽至基生叶出土。

小贴士

该期长度与温度有关，如果气温在15℃左右，从种下去到冒芽出土，需要一周的时间。温度可以高一些，这样可以减少它的新芽抽生时间。冬天气温低，大蒜发芽时间比较久。

萌芽期

测量日期						
植株高度/厘米						

51

花溪里的气象

幼苗期： 是指第一片真叶展出至花芽、鳞芽开始分化。

小贴士

这个阶段所用的时间也会受到温度的影响。一般来说，春播大蒜幼苗期约25天，而秋播大蒜因为需要跨过漫长的冬季，所以幼苗期为170～175天。这个时期，大蒜的根系由竖向生长开始转变为横向生长，并且开始从土壤中吸收水分和养分，用于满足幼苗的生长；新叶不断地分化生长，进行光合作用制造营养物质。

幼苗期

测量日期						
植株高度/厘米						

花芽与鳞芽分化期： 在幼苗后期，经过一定时间的低温后，又在高温长日照的影响下，花芽开始分化，并在花茎周围形成鳞芽。

小贴士

受温度影响，春播大蒜品种分化进程加快，花芽和鳞芽从分化开始到分化结束需要的天数较少，需15～35天。而秋播品种受低温的影响，分化过程缓慢，花芽和鳞芽从分化开始到分化结束需要的天数达100多天。这期间，根系生长增强，生长速度加快，会消耗大量营养和水分，因此要注重加强管理，确保肥水充足。

测量日期						
植株高度/厘米						

花茎伸长期： 全部叶片展出，植株叶面积达最大值。发生大量新根，原有根系开始老化。茎叶、蒜薹快速生长，植株重量迅速增加。

第三章 基本农业气象观测

> **小贴士**
>
> 这个时期从花芽分化结束开始到花茎采收结束，历时30～35天。该时期营养生长与生殖生长并进，待蒜薹采收后，由于植株体内养分向贮藏器官鳞茎中转运，植株的鲜重下降，但干重迅速增长。

花茎生长期

测量日期							
植株高度/厘米							

鳞茎膨大期：从鳞芽分化直至鳞茎成熟即为鳞茎膨大期。

> **小贴士**
>
> 4—5月是大蒜鳞茎的膨大期，也是大蒜产量形成的关键时期。鳞芽生长最初很慢，至花茎伸长后期才开始加快，花茎采收后鳞茎生长最快，至鳞茎膨大期鳞芽增重占净重的84.3%左右，因此，这个阶段鳞茎的生长好坏是决定鳞茎大小、产量高低的关键。适时采收花茎（蒜薹），亦利于鳞茎的生长与增重。

鳞茎膨大期

测量日期							
植株高度/厘米							

休眠期：大蒜鳞茎成熟后即进入休眠期，苗端及根际生长点都停止活动。

花溪里的气象

豆 角

豆角的发育期主要包括播种期、发芽期、幼苗期、抽蔓期、开花结荚期。

植株高度的测量方法：在发育期观测点附近，选择生长高度具有代表性的植株进行测量，从土壤表面量至所测植株叶子伸直后的最高叶尖即可。

播种期：记录豆角的播种日期。

（我的播种日期：　　年　　月　　日）

发芽期：是从种子萌动至第一对真叶展开的过程。豆角的第一对真叶是单叶对生，其后真叶为互生三小复叶。子叶刚出土时，植株是不能进行光合作用的，此时植株主要靠贮藏在种子内的养分，在发芽时分解后提供能量。第一对真叶展开后，植株才可进行光合作用。

发芽期

小贴士

豆角种子发芽所需要吸收的水分一般不超过种子量的50%，此时水分过多容易引起烂种，因此在露地种植上，播种期应当避开连绵阴雨和低温天气，同时要严格控制土壤的水分，并要为种子萌芽出土提供一个疏松透气的土壤环境。

测量日期					
植株高度/厘米					

第三章 基本农业气象观测

幼苗期：从第1对真叶展开至具有7～8张复叶为幼苗期，豆角幼苗在第2～3张真叶展开时便开始发生花序轴原始体，其次着生花原始体，进入生殖生长阶段。幼苗期一般是15～20天。

幼苗期

小贴士

豆角的根系生长发育得不算健硕，因此比较害怕水涝，在豆角的幼苗期要适当地控制其水分和养分的摄入，少量地浇水施肥。

测量日期						
植株高度/厘米						

抽蔓期：从具有7～8片复叶至植株现蕾为抽蔓期。这个时期主蔓迅速伸长，基部开始在第一对真叶及主蔓第2～3节腋处抽出侧蔓，根瘤也开始形成。抽蔓期一般是10～15天。

抽蔓期

小贴士

抽蔓期需要较高的温度和良好的日照，在此条件下，茎蔓较粗壮，侧蔓发生也较快，如温度过低或过高，阴天多，则茎蔓生长较弱。抽蔓期土壤湿度大，则不利于根的发育和根瘤的形成。另外，此时豆角藤蔓生长速度加快，需要给豆角搭架，让其枝蔓缠绕生长。

测量日期						
植株高度/厘米						

花溪里的气象

开花结荚期：从植株现蕾至豆荚采收结束。从现蕾至开花一般是5~7天，从开花到商品豆荚采收一般是8~13天，从商品豆荚采收至豆荚生理成熟还需4~10天。

小贴士

开花结荚期的植株需要大量的营养，且豆角的根瘤菌又远不及其他豆科植物发达，因此必须供给一定数量的氮肥，但也不能偏施氮肥，如施用氮肥过多，容易出现植株徒长，延迟开花结荚甚至引起落花落荚，因此，应注意氮、磷、钾的配合施用，并且在开花结荚期适当增加磷钾的比例。

开花结荚期

测量日期						
植株高度/厘米						

茄 子

茄子的发育期主要包括播种期、发芽期、幼苗期、开花坐果期、采收成熟期。

植株高度的测量方法：植株高度指从植株基部至主茎顶部即主茎生长点之间的距离。测量时可将尺子挨着地面量到苗顶最高位置，读数即为植株高度。

播种期：记录茄子的播种日期。

（我的播种日期：　　年　　月　　日）

第三章　基本农业气象观测

发芽期： 从种子萌芽到第一片真叶出现的时间段。

> **小贴士**
>
> 　　发芽期的茄子，种子发芽适宜温度为25～30℃，最低温度为11～18℃。此时需水量较少，对土壤的要求不太严格，但以富含有机质、疏松、肥沃、排水良好的沙质壤土为好。播种发芽时间在5月下旬。

发芽期

测量日期						
植株高度/厘米						

幼苗期： 由第一片真叶出现至开始出现大蕾为幼苗期。

> **小贴士**
>
> 　　幼苗期发育适温白天为25～30℃，夜间15～20℃。茄子幼苗期经历两个阶段：第一片真叶出现至2～3片真叶展开即花芽分化前，为基本营养生长阶段，这个阶段主要为花芽分化及进一步营养生长打下基础。2～3片真叶展开后，花芽开始分化，进入第二阶段，即花芽分化及发育阶段，从这时开始，营养生长与花芽发育同时进行。

幼苗期

测量日期						
植株高度/厘米						

花溪里的气象

开花坐果期：茄子的门茄现蕾后进入开花结果期。

小贴士

幼苗在高温且强光的环境下，茄子的生长就很快，无论是幼苗期还是开花期都是很迅速的，尤其地温比较高的情况下，开花就早。而且茄子的分枝其实是有规律可循的，早熟的是6~8片叶，晚熟的是8~9片叶，然后顶芽就会变成花芽。适宜温度：白天为25~30℃，夜间15~18℃。

开花坐果期

测量日期							
植株高度/厘米							

采收成熟期：茄子蒂上白线随着茄子生长逐渐消失，白线完全消失后，茄子成熟。

小贴士

此时茄子迅速生长，需要多一些水以满足其水分需要。茄子喜水又怕水，土壤潮湿通气不良时，易引起沤根，空气湿度大容易发生病害。

采收成熟期

测量日期							
植株高度/厘米							

第四章
常见农业气象灾害及防御方法

花溪里的气象

农业生产是在一定的气象条件下进行的,各类天气对农业生产都会产生一定的影响,而影响最大的是给农业生产带来危害的天气,即农业灾害性天气。影响我国农业生产的灾害性天气主要有寒潮、霜冻、低温冷害、干旱、洪涝、大风、干热风和冰雹等。因我国地域辽阔,不同农业区农业作物和农事活动不同,影响农业生产的灾害亦不同。

寒 潮

同学们,你们听说过寒潮吗?

寒潮的概念

寒潮是指来自极地或高纬度地区的寒冷空气,在特定的天气形势下迅速加强并向中低纬度地区侵袭,造成沿途地区大范围剧烈降温、大风和偏北大风的天气过程。

凡冷空气入侵,气温在48小时内下降8℃或以上,同时最低温度在小于或等于4℃,陆地平均风力可达5级以上;或已经下降8℃以上,最低气温小于或等于4℃,平向风力达5级以上,并可持续,气象部门将发布寒潮蓝色预警。各省(自治区、直辖市)气象局为了更好地为农业生产服务,根据本地具体情况,对寒潮标准做了各种补充规定。

据统计,我国出现寒潮平均每年5次,主要在每年11月到翌年4月,以秋末冬初及冬末春初为最多。

寒潮对农业的危害

寒潮对农业生产影响很大，冬季强大的寒潮可使我国东北、西北地区及内蒙古气温降至-40～-30℃，华北降至-20℃，长江流域降至-10℃以下。剧烈的降温常使北方的越冬作物或果树遭受冻害，使江南一带的亚热带作物遭受冻害。同时，冬季强大的寒潮常给北方带来暴风雪天气，使北方牧区的牲畜因冻饿而死亡。春季寒潮常使农作物遭受严重冻害，尤其是晚春时节，天气已经转暖，一旦有寒潮暴发，幼嫩作物和果树常会遭受冷害或晚霜冻的危害。同时，春季寒潮还会使华北、东北、西北及内蒙古等地狂风大作，黄沙蔽天，不仅摧毁庄稼，吹走肥沃的表土，而且狂风还会带来风沙淹没农田，造成土地大面积沙荒。秋季寒潮虽然不如冬春季节强烈，但早霜冻往往使农作物因不能正常成熟而减产。

寒潮的防御

防御寒潮灾害，必须在寒潮来临前，根据不同情况采取相应的防御措施。如在牧区将牲畜转移到安全地带或采取防寒措施；在农业区采用风障和覆盖物保护菜畦、育苗地和葡萄园，还可采用提早施肥、壅土（在农作物生长期中，把株间或畦间的土壤覆盖在作物根部四周，以防止作物倒伏，促进根部的发育和便利排水灌溉）和压土来提高大田作物的温度。

花溪里的气象

霜 冻

同学们，你们知道什么是霜冻吗？

霜冻的概念

霜冻是一种较为常见的农业气象灾害，是指空气温度突然下降，地表温度骤降到0℃以下，使农作物受到损害，甚至死亡的现象。

霜冻和霜是两个不同的概念。霜是近地面空气中的水汽达到饱和，并且地面温度低于0℃，在物体上直接凝华而成的白色冰晶的现象。发生霜冻时不一定出现霜，出现霜时也不一定就有霜冻发生。

霜冻一般出现于春秋两季。每年入秋后第一次出现的霜冻，称为初霜冻；每年春季最后一次出现的霜冻，称为终霜冻。

霜冻对农业的危害

霜冻对农作物的危害很大，其危害程度首先取决于霜冻的强度和持续时间的长短；其次取决于农作物抗霜冻的能力。不同农作物、品种以及同一农作物的不同发育期抗霜冻的能力是不同的。如小麦比玉米的抗霜冻能力强。水稻、棉花、芝麻、花生、烟草、瓜类抗霜冻能力最弱，只要遇到0～1℃的霜冻，就要受害。在农作物的一生中，开花期抗霜冻能力最弱，比如在果树中，桃、杏、苹果和梨等在开花期经不起2～3℃的霜冻。

由于大多数植物当地面或叶面最低温度降到0℃以下时，就要受冻害，所以中央气象台把地面最低温度降低到0℃或0℃以下时作为预报出现霜冻的标准。

霜冻的防御

防御霜冻的方法一般分为两类，即农业技术措施和物理化学方法。

农业技术措施

选育抗寒品种，因地制宜配置作物种类和品种。

合理安排不同熟期品种的比例；适期早播，缩短播期；增施有机肥，合理配施磷、钾肥，促进作物生长健壮，提高作物抗寒能力。

加强田间管理，促进作物早熟。

物理化学方法

熏烟法： 将秸秆、谷壳、杂草、枯枝落叶等能就地取材的可燃物质，按一定距离堆放，上风方向要分布密些，当温度降到霜冻指标1℃以上时开始点火，过早或过晚点火都不好，一直持续到日出后1~2小时为止。风速在2米/秒以上时，效果很小。目前，生产上利用硫黄、硝酸铵、锯末、沥青、煤末等无毒物质按一定比例制成烟幕弹，防霜效果也很好。熏烟防霜的原理，主要是通过燃烧物释放大量烟粒形成烟幕，可减小地面有效辐射；由燃烧物生成的许多吸湿性烟粒，可促使水汽凝结而放出潜热；同时燃烧物质燃烧时可直接放热，熏烟能提高温度1~2℃。

灌水法： 在霜冻来临前一天灌水，以土壤湿透为宜。灌水后，土壤热容量和热导率增大，可使土壤降温缓慢。同时，灌水后土壤湿度增大，近地层水汽增多，可削弱夜间地面有效辐射。灌水防霜效果较好，可提高温度2~3℃，热效应可持续2~3天。此外，对于果树采用喷水法防霜效果也很好。

覆盖法： 将芦苇、稻草、麦秆、厩肥、草木灰、树叶、草帘以及塑料薄膜等作为覆盖物，这样可减少地面有效辐射，其热效应超过上述两种方法。对果树采用包裹覆盖法，用不传热的材料如稻草包裹树干，可起到很好的保护作用。

花溪里的气象

除了上述措施,最根本的方法还是要加强植树造林,营造人工防护林。据了解,有防护林保护的庄稼,田地里的温度相对较高,可以大大减轻霜冻的危害。

低温冷害

同学们,你们知道低温冷害吗?

低温冷害的概念

低温冷害是农业气象灾害的一种,指在农作物生长期间,遇到低温影响,使农作物生育期延迟或生理机能受到阻碍、导致减产的农业气象现象。低温冷害也称冷害或寒害,东北地区农民称为"哑巴灾"。我国低温冷害出现频率很高,每3~5年一次,造成粮食严重减产,是水稻、玉米等高产作物产量不稳的重要原因。

低温冷害按发生时的天气特点可分以下三种类型。

> **湿冷型**:低温伴随阴雨,日照少,相对湿度大,气温日较差小。
> **干冷型**:冷空气入侵后,天气晴朗,相对湿度小,气温日较差大。
> **霜冷型**:由前期低温与来得特别早的秋霜冻相结合所致。

第四章 常见农业气象灾害及防御方法

低温冷害对农业的危害

低温冷害对作物生理的影响主要表现在以下三个方面。

削弱光合作用。 如果各种作物均以24℃时的光合作用强度为100%，则在12℃条件下大豆的光合作用强度为85%，水稻为81%，高粱为74%，玉米为62%。低温使光合作用强度降低15%～38%。

减少养分吸收。 低温减少根系对养分的吸收能力，以24℃条件下作物对养分的吸收为100%，则在12℃条件下水稻对铵态氮的吸收为50%，磷为44%，钾为42%；大豆对铵态氮的吸收为87%，磷为55%，钾为70%，均显著减少。

影响养分的运转。 低温能妨碍光合产物和矿物质营养向生长器官输送，使作物正在生长的器官因养分不足而瘦小、退化或死亡。例如在幼穗伸长期，低温使茎秆向穗部的养分输送受阻，花药组织不能向花粉正常输送碳水化合物，从而妨碍花粉的充实和花药的正常开裂、散粉。

低温冷害的防御

要战胜低温冷害，必须掌握低温冷害发生的规律，采取综合防御措施。

选用早熟、耐寒、高产品种。
搞好作物品种区划，实行适区种植，合理搭配早、中、晚熟品种。
采取育苗移栽、地面覆盖栽培等措施，加快作物生长，使之提早成熟。
适时早播，缩短播种期。
改良土壤，增施有机肥，配方施用化肥。
加强田间管理，促进作物早熟。如早间苗，及时防治病虫草害，适时喷洒植物激素以及根外喷施磷、钾肥等。

此外，在低温冷害来临前还可采取应急措施，如向农田灌水，施用水面和叶面保温剂，以提高温度。

花溪里的气象

干 旱

同学们,你们一定听说过干旱吧?一起来了解更多关于干旱的知识吧。

干旱的概念

干旱是指由于长时期无雨或少雨,引起空气干燥、土壤缺水,使作物对水分的需求得不到满足,导致作物生长受到抑制或死亡而造成减产或失收的一种农业气象灾害。干旱是气象、地理和人类活动等多种因素综合影响的结果,其中,大气环境异常和高气压长期控制是造成大范围持续干旱天气的原因。另外,大面积的植被遭破坏是使干旱加重的重要因素之一。

干旱对农业的危害

大范围持续干旱天气是由于高气压长期稳定控制一地而形成的。

春季,华北、西北一带在移动性冷高压控制下,天气晴朗,增温迅速,常常造成春旱,故华北地区有"十年九旱""春雨贵如油"之说。夏季,长江中下游受副热带高压北进的控制,造成盛夏7月至8月持久伏旱。秋季,副热带高压南退,西伯利亚高压增强南伸,在华中地区,经常发生暖高和冷高互相重叠现象,出现秋高气爽天气而形成干旱。此外,东南沿海地区夏秋季节的干旱还和热带风暴活动有关,若热带风暴活动少或在近海转向不登陆,就易形成干旱。

干旱是我国重要的农业灾害性天气之一,我国从南到北各主要农业区都有干旱发生。干旱对农业生产影响很大。春旱常影响北方地区小麦的返青、拔节、抽穗和开花，并危害玉米、高粱、棉花等作物的播种和出苗。夏旱影响长江中下游双季稻插秧、棉花坐桃和晚玉米的生长。秋旱影响夏播作物的后期生长和结实成熟以及越冬作物的播种和出苗等。作物受干旱危害的程度，视干旱强度、作物种类、发育时期以及栽培技术等而不同。如玉米水分临界期为抽雄前的"大喇叭口期"（因此时玉米叶片密集呈喇叭状而得名），此时干旱影响抽雄，群众称为"卡脖旱"。冬旱会使土壤底墒不足而加剧来年的春旱。干旱有时也会发生两季甚至三季连旱，这样对作物的影响会更大。

干旱的防御

防旱抗旱的主要途径有两方面：一是增加土壤中水分的收入，二是减少土壤中水分的蒸发。

其具体方法有以下几种。

兴修水利。 搞好农田基本建设建立健全灌溉体系，采取打井挖泉、修建塘坝水库等，同时采用喷灌、滴灌、渗灌等节水灌溉方式以增加灌溉面积，做到蓄水、保水和合理用水，这是抗旱防旱的根本措施。

植树造林。 营造防护林，改善区域气候，防风固沙，保持水土，还可调节农田水分，减少蒸发，所以植树造林是防旱的有效措施。

采取保墒抗旱措施。 及时翻耙、镇压及中耕除草等有助于减少土壤水分蒸发，防止干旱。喷洒抑制蒸发剂如覆盖剂、保水剂、抗蒸腾剂等措施也可以起到贮水保水、抗旱保墒的作用。抗旱播种是北方抗御春旱的重要措施，如抢墒早播、雨后抢种、适当深播、镇压提墒播、催芽播和育苗移栽等多种方法。

人工增雨。 开展人工增雨是满足作物水分需要，抵御干旱的重要措施之一。人工增雨主要采用一定的运载工具，如飞机、火箭、高炮等，在适宜天气条件下，将作为冷却剂的干冰、液氮或作为吸湿性凝结核的碘化银、尿素等播撒到云层中，使云滴不断增大而产生降水。

花溪里的气象

干热风

同学们，对于干热风你们一定有些陌生吧？别急，我们一起来了解它！

干热风的概念

干热风是指高温、低湿并伴有一定风力的农业灾害性天气，也称"干旱风""热风""火风"，是影响我国北方小麦产区的主要灾害天气。干热风一般出现在4—8月。华北黄淮平原、关中地区出现在5月下旬至6月上旬；淮北、苏北有时也出现在5月上、中旬；宁夏引黄灌区、河西走廊和南疆盆地等出现在6月下旬至7月上中旬。

不同地区根据本地的气象条件、地理环境条件和小麦生育状况，以小麦是否受害和受害程度的轻重为依据，以干热风高温、低湿特征为出发点，制定简便实用的气象指标。干热风指标通常采用"三三三"指标，即日最高气温超过30℃，日最小相对湿度小于30%，风速大于3米/秒（或风力3级以上）。需要指出的是：小麦干热风指标各地不尽相同，多根据作物种类、受害症状等确定适合当地的干热风指标。

干热风对农业的危害

干热风对小麦和棉花都有危害，尤以小麦危害最重。春夏之交正值小麦灌浆期，高温低湿和较大风速，会使植株茎叶蒸腾作用加剧，破坏植株体内的水分平衡，其受害特征是叶片卷缩凋萎，由青变黄或灰白，甚至有的叶片撕裂下垂变脆，麦芒炸开，变为灰白色，穗子呈白色或灰绿色，籽粒干秕，植株干枯，轻则减产5%~10%，重则减产20%。干热风对小麦危害的程度，除与干热风本身的强度和持续时间有关外，还与干热风出现的时期、作物品种、生长健壮程度以及土质、地形、地势和有无护田林带等有密切关系。例如，小麦的乳熟中后期是"受害关键期"，品种抗逆性强、植株生长健壮的受害轻；种植在保水、保肥、通气性能良好的砂壤土中的受害轻；种植在盐碱地、沙岗地、背风坡、无护田林带的受害重。

干热风的防御

营造护田林带。防御干热风危害的根本途径之一是改变局部地区气候环境，削弱或消除出现干热风的天气条件。营造麦田防护林带可以改善小气候，减轻或防止干热风的危害。据河北深县气象站观测，当干热风来临时，林网中麦田14时平均风速削弱40%，气温降低2℃左右，相对湿度增加9%~10%，土壤水分消耗下降47%。

适时灌水。适时浇灌小麦返青水，可以使土壤保持充足的水分，促进麦苗和根系的生长发育，增强抗逆性。乳熟后期到蜡熟始期"浇麦黄水"，可以改善麦田小气候条件。据试验，在灌水后2~3天，14时株高2/3处，温度降低1~2℃，相对湿度提高5%~10%；5厘米地温降低2~3℃。浇麦黄水后，可增强小麦灌浆速度，提高千粒重。

培育和选用抗干热风品种。适时早播，尽量避开干热风危害的时期。

药剂浸种或闷种。用氯化钙浸种或闷种，能使小麦植株细胞内钙离子增加，提高小麦抗旱和抗高温的能力。

喷洒草木灰水和石油助长剂。在小麦起身、拔节期喷洒草木灰水，可以增强叶片细胞的吸水力，提高抗干热风的能力。在小麦扬花、灌浆期喷洒石油助长剂，能提高千粒重，有明显增产效果。

花溪里的气象

洪 涝

同学们，你们听说过洪涝灾害吗？

洪涝的概念

洪涝是因大雨、暴雨或持续降雨使低洼地区淹没、渍水的现象。

洪涝对农业的危害

洪涝对农作物危害很大，可能会淹没农田，致使作物被淹死；或使低洼农田积水无法排泄而导致农作物长期受淹、破坏农作物正常生理机能甚至窒息死亡，从而造成农作物歉收、失收。

洪涝在我国各地发生的时间不同，对农作物的危害也不一样。华南一般发生在5—6月，正是早稻抽穗、成熟期。江淮流域多发生在6—8月，这段时期，前期是早稻抽穗、成熟期；后期正是晚稻孕穗期，棉花处于棉铃形成期。黄河流域和东北则发生在7—8月，正是玉米、高粱、棉花等作物旺盛生长及产量形成的时期。因此洪涝灾害对农作物的危害非常大。

洪涝对农作物危害的程度，随农作物的种类、品种、发育期以及积水深度和持续时间而不同。一般来说，水稻、高粱、黑豆等抗涝能力最强，小麦、玉米等次

之，棉花、谷子、甘薯、花生、芝麻等最差。小麦苗期比玉米苗期抗涝。农田积水越深，持续时间越长，对作物危害越大。

洪涝的防御

兴修水利。修建堤坝、水库，蓄洪拦水；疏通河道和沟渠，畅通排水。

防止水土流失。如植树种草、修筑梯田、挖蓄水池等。

加强防汛工作。在汛期加强水文及气象预报和情报工作，及时加固和加高堤围，做好一切防汛准备，防止洪水泛滥。

合理布局作物。根据各地降水及地区条件，合理布局作物，可以减轻洪涝灾害。将易涝作物种在高岗地上，抗涝作物种在低洼地上，在特别易涝区可种一些高产冬春作物早熟作物，如冬小麦、春小麦、马铃薯，以避开7—8月的雨季。或者种植水稻，以稻治涝。

加强涝后管理。及时清除污泥，进行中耕松土，增施速效化肥，注意防治病虫害，促进作物生长。

花溪里的气象

冰 雹

同学们，你们见过冰雹吗？你对冰雹有哪些了解呢？

冰雹的概念

冰雹是坚硬的球状、锥状或形状不规则的固态降水，经常出现在夏季或者春夏之交。不过，随着全球气候异常，其他季节出现冰雹的情况也时有发生。

冰雹的危害

我国是冰雹灾害较为严重的国家之一，冰雹灾害带来的最大的影响就是对农业的危害，蔬菜、花卉等较为脆弱的农作物在冰雹天气中所受的危害尤为巨大。此外，冰雹还会给交通运输、房屋建筑、工业、通信、电力以及人畜安全造成不同程度的危害。

冰雹的防御

目前，我国气象部门能够借助先进的天气预警系统预测冰雹天气的发生，并按照有关规定及时发布冰雹预警信息。另外，我国劳动人民根据自己的生活实践经验也能提前预知冰雹天气的来临，比如"黄云翻，冰雹天""西北风，疙瘩云，闷雷闪电雹来临""黑云变红云，雨蛋就来临"等，由此可以提前做好冰雹天气的防灾减灾工作。

人工消雹的主要实施方法有以下两种。

> **催化法**。即把碘化银或食盐之类的催化剂，用火箭或高炮发射，或用飞机撒播，或在地面燃烧升空气球而进入冰雹云中，破坏冰雹云的形成过程，使云中水分分散，凝结成小冰雹或水滴而形成降水。
>
> **爆炸法**。用高炮、土火箭等轰击冰雹云，由爆炸产生的冲击波，破坏云中气流扰动规律和积雨云的发展过程，从而阻止冰雹的形成。

如何降低冰雹的危害

对于农业而言，改变地表环境、增加森林覆盖率，是减少冰雹灾害的有效途径。此外，通过杂交等农业技术，培育出抗冰雹打击的农作物，也是当下较为流行的防雹灾方式之一。对于人们来说，最简单有效的防范冰雹方式就是减少冰雹天气时的出行，尽量待在室内。

大　风

同学们，你们经历过大风天气吗？你对大风的了解有多少？

大风的概念

风是空气的水平流动。大风泛指风力达到或超过8级（风速≥17.2米/秒）的风。实际上，5级风就能对作物造成危害。

花溪里的气象

大风的危害

　　大风对农业生产危害很大。春季大风会加快土壤水分蒸发，造成跑墒，影响春播；播下的种子，遇上大风，种子连同表土一起被刮走。风速越大，表土刮走越多，形成严重风蚀。同时大风还携带沙土，淹没农田幼苗。农田受到严重风蚀和沙土淹埋，就会逐渐变得贫瘠，以致不能种植作物。夏季大风，常使作物秆折或倒伏。秋季大风，能摇落作物和果树的果实。冬季的"白毛风"（牧区7级以上的暴风雪）常把畜群吹散、迷途或冻死。此外，大风还会引起旱灾和火灾。

大风的防御

　　植树造林。如营造防风林、防沙林、固沙林、海防林等，可减弱风速，控制风蚀。
　　建造小型防风工程。如筑防风障、打防风墙、挖防风坑等，能减弱风力，阻挡风沙。
　　保护植被。如在山区实行轮牧养草，禁止陡坡开荒，禁止滥伐森林和破坏地面草皮等，可以防止风蚀。
　　农业技术措施。如选育抗风品种，高秆作物培土，将抗风力强的作物或果树种在迎风坡，用卵石压土等，都可起到减轻风害的作用。